DEPOIS DO CORONA

OUTRAS OBRAS DE SCOTT GALLOWAY

Os Quatro: Apple, Amazon, Facebook e Google — O segredo dos gigantes da tecnologia

A Álgebra da Felicidade: Notas sobre a busca por sucesso, amor e significado

DEPOIS DO CORONA

DA CRISE À OPORTUNIDADE

SCOTT GALLOWAY

PROFESSOR DE ESTRATÉGIA DE MARCA
E MARKETING DIGITAL NA *NEW YORK*
UNIVERSITY'S STERN SCHOOL OF BUSINESS

ALTA BOOKS
EDITORA
Rio de Janeiro, 2021

Depois do Corona
Copyright © 2021 da Starlin Alta Editora e Consultoria Eireli.
ISBN: 978-65-5520-533-6

Translated from original Post Corona: From Crisis to Opportunity. Copyright © 2020 by Scott Galloway. ISBN 978-0-5933-3221-4. This translation is published and sold by permission of Portfolio / Penguin, an imprint of Penguin Random House LLC, the owner of all rights to publish and sell the same. PORTUGUESE language edition published by Starlin Alta Editora e Consultoria Eireli, Copyright © 2021 by Starlin Alta Editora e Consultoria Eireli.

Todos os direitos estão reservados e protegidos por Lei. Nenhuma parte deste livro, sem autorização prévia por escrito da editora, poderá ser reproduzida ou transmitida. A violação dos Direitos Autorais é crime estabelecido na Lei nº 9.610/98 e com punição de acordo com o artigo 184 do Código Penal.

A editora não se responsabiliza pelo conteúdo da obra, formulada exclusivamente pelo(s) autor(es).

Marcas Registradas: Todos os termos mencionados e reconhecidos como Marca Registrada e/ou Comercial são de responsabilidade de seus proprietários. A editora informa não estar associada a nenhum produto e/ou fornecedor apresentado no livro.

Impresso no Brasil — 1ª Edição, 2021 — Edição revisada conforme o Acordo Ortográfico da Língua Portuguesa de 2009.

Erratas e arquivos de apoio: No site da editora relatamos, com a devida correção, qualquer erro encontrado em nossos livros, bem como disponibilizamos arquivos de apoio se aplicáveis à obra em questão.

Acesse o site **www.altabooks.com.br** e procure pelo título do livro desejado para ter acesso às erratas, aos arquivos de apoio e/ou a outros conteúdos aplicáveis à obra.

Suporte Técnico: A obra é comercializada na forma em que está, sem direito a suporte técnico ou orientação pessoal/exclusiva ao leitor.

A editora não se responsabiliza pela manutenção, atualização e idioma dos sites referidos pelos autores nesta obra.

Dados Internacionais de Catalogação na Publicação (CIP) de acordo com ISBD

G174d	Galloway, Scott
	Depois do Corona: da crise à oportunidade / Scott Galloway ; traduzido por Matheus Araújo. - Rio de Janeiro : Alta Books, 2021.
	256 p. : il. ; 16cm x 23cm.
	Tradução de: Digital Post Corona
	ISBN: 978-65-5520-533-6
	1. Empresas. 2. Oportunidades. 3. Crise. 4. Pandemia - Covid-19. I. Araújo, Matheus. II. Título.
	CDD 658.405
2021-3462	CDU 65.02

Elaborado por Odílio Hilario Moreira Junior - CRB-8/9949

Rua Viúva Cláudio, 291 — Bairro Industrial do Jacaré
CEP: 20.970-031 — Rio de Janeiro (RJ)
Tels.: (21) 3278-8069 / 3278-8419
www.altabooks.com.br — altabooks@altabooks.com.br

Produção Editorial
Editora Alta Books

Diretor Editorial
Anderson Vieira

Gerência Comercial
Daniele Fonseca

Coordenação Financeira
Solange Souza

Editor de Aquisição
José Rugeri
acquisition@altabooks.com.br

Produtores Editoriais
Illysabelle Trajano
Maria de Lourdes Borges
Thales Silva
Thié Alves

Assistente Editorial
Mariana Portugal

Marketing Editorial
Livia Carvalho
Gabriela Carvalho
Thiago Brito
marketing@altabooks.com.br

Equipe Ass. Editorial
Brenda Rodrigues
Caroline David
Luana Rodrigues
Raquel Porto

Equipe de Design
Larissa Lima
Marcelli Ferreira
Paulo Gomes

Equipe Comercial
Adriana Baricelli
Daiana Costa
Fillipe Amorim
Kaique Luiz
Victor Hugo Morais
Viviane Paiva

Atuaram na edição desta obra:

Tradução
Matheus Araújo

Revisão Gramatical
Thaís Pol
Hellen Suzuki

Copidesque
Rafael Surgek

Diagramação
Joyce Matos

Capa
Marcelli Ferreira

Ouvidoria: ouvidoria@altabooks.com.br

Editora afiliada à:

Para os contribuintes da Califórnia e o Conselho de Regentes da Universidade da Califórnia

SOBRE O AUTOR

Scott Galloway é professor de marketing na Stern School of Business da Universidade de Nova York e empreendedor em série. Em 2012, foi nomeado como um dos melhores professores de negócios do mundo pela *Poets & Quants*. Fundou nove empresas, incluindo a Prophet, a Red Envelope e a L2. Galloway é o autor dos best-sellers *Os Quatro* e *A Álgebra da Felicidade*, além de ter atuado no quadro de diretores da New York Times Company, da Urban Outfitters e da Haas School of Business, na Universidade da Califórnia em Berkeley. Seus podcasts, *Prof G* e *Pivot*; seu blog, *No Mercy / No Malice*; e seu canal no YouTube, *Prof G*, alcançam milhões de pessoas. Em 2020, a *Adweek* nomeou o podcast *Pivot* como o Podcast Empresarial do Ano. Em 2019, Scott fundou a Section4, uma plataforma de educação online para profissionais atuantes na qual ensina estratégias empresariais: section4.com.

AGRADECIMENTOS

A grandeza reside no arbítrio alheio, assim como este livro.

Sempre que finalizo um livro, prometo para mim mesmo que será o último. Então o meu agente, Jim Levine, me convence a escrever outro. Ele é uma inspiração e é a inspiração para este livro.

Jason Stavers e Maria Petrova fizeram o trabalho pesado, pegando os meus rascunhos, minhas anotações, meus e-mails da madrugada e transformando-os em uma narrativa. Jason tem trabalhado comigo por 25 anos e consegue finalizar todas as minhas frases... assim como ele fez repetidamente neste livro. Maria edita na sua quarta língua, e a habilidade dela é maior que a facilidade que temos com a nossa primeira língua.

Minhas equipes criativa e de dados inspiram minhas ideias e as despertam — eu não seria tão informativo e divertido sem elas. Taylor Malmsheimer, Mia Silverio, Griffin Carlborg e James Steiner encontram os diamantes no bruto mundo dos dados. Jerllin Cheng, Radhika Patel, Ted Munro e Christopher Gonzalez lapidam, visualizam e tornam esses dados memoráveis. Katherine Dillon orquestra tudo e, ao lado de Aaron Bunge, desenvolveu a capa.

Por fim, Adrian Zackheim e Niki Papadopoulos, assim como toda a equipe deles na Portfolio, mantêm o trabalho honesto e nos trilhos.

Sou grato pelo bom trabalho e pela generosidade de todos.

SUMÁRIO

INTRODUÇÃO — *xvii*

A Grande Aceleração — *xx*

Na Crise Há Oportunidade — *xxiv*

TERCEIRIZANDO O SACRIFÍCIO — *xxvii*

A Covid e o Abate — 1

O Abate da Manada: Os Fortes Ficam (Muito) Mais Fortes — 1

Sobrevivendo ao Abate: O Dinheiro É Rei — 6

Introdução ao Gerenciamento de Crise — 7

Excesso de Zelo — 9

Partindo para o Ataque — 11

A Jogada de Gângster Durante a Covid: Estruturas de Custo Variável — 13

A Grande Dispersão — 15

Trabalhando de Casa — 17

Efeitos de Segunda Ordem da Dispersão do Trabalho — 20

A Era das Marcas Abre Caminho para a Era dos Produtos 23
   Bem-vindos à Era dos Produtos 26
Vermelho e Azul 29
   Mídia Social Vermelha e Azul 33
   A BUSCA em Vermelho, Azul E ALÉM 36

Os Quatro 39

O Poder da Grandeza / O Algoritmo do Monopólio / Featurization 42
   Agora Tudo é Tecnologia 45
   Os Quatro se Expandem para Todos os Lugares 47
   Os Quatro Chegam a Hollywood 49
Maiores Tecnologias, Maiores Problemas 55
   Enfrentando os Quatro 58
A Maldição dos Grandes Números 63
Amazon 64
   Qual é a Coisa verdadeiramente Difícil que Podemos Fazer? 69
Apple 72
   Pense Rundle 75
Mad Men 2.0: Google e Facebook 77

Outros Disruptores 81

O Índice de Disruptabilidade 81
A Queima do Celeiro do Unicórnio 85
   Apresentando o Unicórnio 88
   O Bufê de Unicórnios no valor de US$100 bilhões do SoftBank 89
   blá-blá-blá esotérico 93
   Sangue Puro Vs. Unicórnio 96

SUMÁRIO

Quando a Fumaça Se Dissipa ... 99
    Os Unicórnios mais Brilhantes da Manada ... 105

Educação Superior ... 125
    Pronto para a Disrupção ... 125
        Escassez ... 127
        Abundância ... 129
        Sistema de Castas e a Ivy League ... 130
        Forças Disruptivas ... 131
    A Crise Está Sobre Nós ... 134
        Choque Fiscal ... 135
        Delírio ... 137
        Desespero ... 138
        Condenação ... 141
    A Estrada Adiante ... 142
        Escalonamento ... 144
        A Isca ... 145
        Educação Superior no Século XXI ... 148
    Recomendações ... 149

O Bem Comum ... 155
    Capitalismo, Nossas Comorbidades e o Coronavírus ... 156
        Parece Ótimo, Mas... ... 158
        O Papel do Governo ... 160
        Comorbidades ... 162
        Abandonado ... 162
    Capitalismo Ascendente, Socialismo Descendente = Fisiologismo ... 164
        As Virtudes do Fracasso ... 166
        Meu Jantar com Dara ... 168
        Fisiologismo em Ação ... 170

Fisiologismo e Desigualdade *171*

    Ansiedade Econômica *174*

O Novo Sistema de Castas *177*

    Disneylândia Particular *179*

    Sobre a Educação, Mais uma Vez *179*

    Privilégio da Riqueza *181*

    Estereótipo *182*

    Corporações Também São Pessoas (Ricas) *186*

A Economia da Exploração *187*

    Superabundância *190*

Leve o Governo a Sério *194*

    Você Recebe pelo que Paga *196*

    Kits de Teste *197*

    Sobre a Gentileza dos Bilionários *197*

    Democracia: Olhe no que Deu *198*

    Voto *199*

Tragédia dos Comuns *200*

    Chamando o Corona Corps *203*

    Malfeitores com Grandes fortunas *206*

O que Devemos Fazer *208*

NOTAS *213*

INTRODUÇÃO

Ensinam-nos que o tempo é uma força confiável e implacável. O movimento do Sol através do céu e a nossa órbita sazonal ao redor do Sol estabelecem um ritmo uniforme e imortal. No entanto, nossa percepção do tempo é inconstante. Conforme envelhecemos, nosso referencial (o passado) se expande e os anos passam mais rapidamente. Hoje pela manhã, dei um beijo de despedida no meu filho antes do seu primeiro dia no jardim de infância e, de tarde, ele chegou em casa diretamente do sexto ano do ensino fundamental. Para ele, ocorre o oposto. A escola acredita que esse mesmo sexto ano deve ser um lugar seguro para falhar. Suas primeiras notas baixas começam a demandar seu tempo com frequência.

O que nós vivenciamos não é o tempo, mas a mudança. Aristóteles observou que o tempo não existe sem a mudança, pois aquilo que chamamos de tempo é simplesmente nossa medida da diferença entre o "antes" e o "depois".[1] É por essa razão que temos a sensação do tempo que voa ou se arrasta. O tempo é maleável, cadenciado pela mudança. E a menor das coisas pode provocar uma mudança sem precedentes. Mesmo algo tão pequeno quanto um vírus.

No começo de março de 2020, vivíamos no "antes". O novo coronavírus estava nas notícias, mas sem muita atenção. Fora da China, não havia nada que sugerisse o desdobramento de uma crise mundial. No Norte da Itália, 41 pessoas morreram, mas a vida transcorria normalmente no restante da Europa. Os Estados Unidos relataram sua primeira morte no dia 1º de março, mas a grande notícia foi o fato de o prefeito Pete ter suspendido sua campanha presidencial. Não havia quarentena, máscaras e a maior parte das pessoas não reconheceria o Dr. Anthony Fauci.

No final do mês, estávamos no "depois". O mundo se desligou. Centenas de milhares de pessoas testaram positivo para o vírus, incluindo Tom Hanks, Placido Domingo, Boris Johnson e dezenas de marinheiros em um porta-aviões norte-americano no meio do Oceano Pacífico.

Um vírus cuja largura é quatrocentas vezes menor que um fio de cabelo segurou uma esfera com massa de 5,9 sextilhões de toneladas e a fez girar dez vezes mais rápido.

No entanto, mesmo com o tempo (mudança) acelerado, nossas vidas ainda parecem estáticas. Assim como meu filho segurando seu primeiro boletim escolar negativo, nós perdemos a capacidade de imaginar qualquer coisa além do momento presente. Nenhum antes ou depois, apenas conferências no Zoom, deliveries e Netflix. Verificamos a contagem de casos e mortes em vez de resultados de jogos e horários de filmes. O filme de sucesso do verão foi *Palm Springs* — uma história de duas pessoas vivendo o mesmo dia repetidas vezes.

Tendo vivenciado cinquenta e tantas voltas ao redor do Sol, eu sei que estamos errados sobre a persistência deste momento. Tento me convencer daquilo que falo aos meus garotos: "Isso também vai passar." Este livro é uma tentativa de olhar para além deste presente sem precedentes e prever o futuro ao criá-lo, catalisando um diálogo que crie soluções melhores.

Quando o único corpo celeste conhecido por abrigar vida voltar à sua velocidade normal de rotação, o que será diferente para os negócios, para a educação e para o nosso país? Ele estará mais humano e próspero? Ou as pessoas irão preferir que pare de girar? O que podemos fazer para moldar o "depois"?

Como sou empreendedor e professor de uma faculdade de negócios, vejo as coisas de uma perspectiva empresarial. O cerne deste livro é como a pandemia remodelará o ambiente de negócios. Analisarei como esse contexto favoreceu grandes empresas, em especial as big techs — boa parte é uma atualização em tempos de pandemia do meu primeiro livro, *Os Quatro*, revisitando a Amazon, a Apple, o Facebook e o Google. Também abordarei as oportunidades de disrupção fora dos setores dominados pelos Quatro e explorarei algumas das empresas prontas para prosperar.

Os negócios não operam em um vácuo, então eu conecto a história empresarial à nossa mais ampla história social. Dedico um capítulo inteiro ao tema da educação superior, pois acredito que ela se encontra à beira de uma mudança transformadora. Escrevo sobre as formas como a pandemia revelou e acelerou amplas tendências em nossa cultura e em nossa política, e porque acredito que uma geração de mudanças realizadas em prol do capitalismo minou o sistema capitalista e o que podemos fazer sobre isso. Essa tem sido uma crise mundial e, embora meus exemplos e minhas análises estejam arraigados a uma experiência norte-americana, espero que esses insights tenham valor para os leitores de outros países.

Eu começo com duas teses. **Primeira: o impacto mais duradouro da pandemia será a aceleração.** Embora a pandemia certamente inicie algumas mudanças e altere a direção de algumas tendências, o efeito primário dela tem sido o de acelerar dinâmicas previamente presentes na sociedade. **Segunda: onde há crise também há oportunidade; quanto maior e mais disruptiva for a crise, maiores serão as oportunidades.** No entanto, meu otimismo quanto a esse segundo argumento é limitado pelo primeiro — muitas das tendências aceleradas pela pandemia são negativas e enfraquecem a capacidade de se recuperar e prosperar em um mundo pós-corona.

A Grande Aceleração

Existe um ditado atribuído a Lênin: **"Há décadas em que nada acontece e há semanas em que décadas acontecem."** O autor não foi Lênin, mas o escocês George Galloway (belo nome), membro do Parlamento. Ele estava parafraseando, com a típica brevidade escocesa, algo muito mais indireto e obtuso que Lênin disse em 1918, após as mudanças radicais provocadas por sua revolução.

Esse tema, décadas em semanas, está se desenrolando na maioria dos setores e das facetas da vida. O e-commerce começou a se estabelecer em 2000. Desde então, sua fatia de varejo tem crescido aproximadamente 1% ao ano. No começo de 2020, cerca de 16% do varejo era efetuado por canais digitais. Oito semanas após a pandemia chegar aos Estados Unidos (de março até meados de abril), esse número subiu para 27%... e não está recuando. Registrou-se uma década de crescimento do e-commerce em oito semanas.

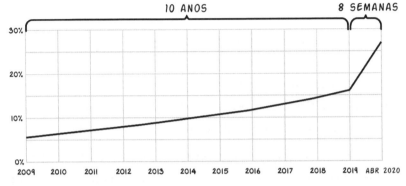

FONTE: BANK OF AMERICA, DEPARTAMENTO DE COMÉRCIO DOS EUA, SHAWSPRING RESEARCH.

Pegue qualquer tendência — social, empresarial ou pessoal — e avance dez anos. Mesmo que sua empresa ainda não esteja nesse ponto, o comportamento dos consumidores e do mercado agora repousa em 2030 na linha das tendências — seja positiva, seja negativa. Se sua empresa tinha um balanço patrimonial fraco, agora está insustentável. Se você faz parte do varejo essencial, agora seus bens são mais essenciais do que nunca. Se faz parte do varejo discricionário, agora você é mais discricionário do que nunca. Em sua vida pessoal, se antes estava brigando com seu cônjuge, agora suas discussões estão piores. Bons relacionamentos agora têm outros dez anos de história e boa vontade.

Durante décadas, empresas investiram milhões de dólares em equipamentos para reuniões virtuais, esperando reduzir a distância. Universidades, a contragosto, adotaram ferramentas tecnológicas como o Blackboard no começo dos anos 1990 para acompanhar (um pouco) o ritmo do mundo exterior. Empresas de comunicações realizaram numerosos anúncios de jantares familiares virtuais, médicos consultando seus pacientes do outro lado do país e alunos aprendendo com os melhores professores do mundo sem sair de sua cidade natal.

E, durante décadas, não aconteceu muita coisa. Sistemas multimilionários de videoconferência não funcionaram e as faculdades resistiram a qualquer tecnologia mais complexa que o quadro branco ou o PowerPoint. O FaceTime e o Skype invadiram nossas comunicações pessoais, mas não alcançaram sua massa crítica.

Então, em uma questão de semanas, nossa vida migrou para o ambiente online e os negócios tornaram-se remotos. Todas as reuniões de trabalho se tornaram virtuais, todos os professores se tornaram educadores online e todos os encontros sociais migraram para uma tela. Nos mercados, investidores calibraram o valor das empresas disruptivas não com base nas próximas semanas ou anos, mas em suposições sobre sua posição em 2030.

A Apple levou 42 anos para alcançar o valor de US$1 trilhão e 20 semanas para acelerar de US$1 trilhão para US$2 trilhões (março a agosto de 2020). Nessas mesmas semanas, a Tesla não se tornou apenas a empresa automotiva mais valiosa do mundo; ela se tornou mais valiosa que a Toyota, a Volkswagen, a Daimler e a Honda... juntas.

Durante décadas, prefeitos das grandes cidades e funcionários de planejamento solicitaram mais ciclofaixas, vias de acesso para pedestres e menos carros. E, durante décadas, o trânsito, a poluição do ar e os acidentes congestionaram nossas ruas e nossos céus. Então, em questão de semanas, os ciclistas dominaram as ruas, surgiram mesas de jantar em áreas externas e os céus ficaram limpos.

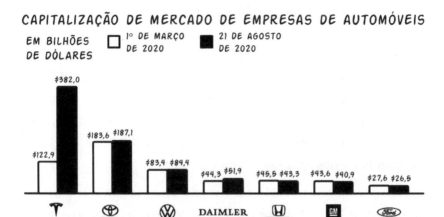

FONTE: ANÁLISE DOS DADOS DA SEEKING ALPHA.

Tendências negativas podem ter acelerado a uma velocidade maior. Durante décadas, economistas têm avisado que a desigualdade econômica está aumentando, ao passo que a mobilidade econômica está diminuindo. Uma economia com tendências subjacentes desconfortáveis se transformou em uma distopia.

Disseram-nos que 40% dos norte-americanos teriam dificuldade em cobrir um gasto emergencial de US$400. No entanto, uma expansão econômica sem precedentes ao longo de onze anos significava que a maré nunca realmente havia abaixado. Então, nos primeiros três meses da recessão da Covid-19, perdemos mais empregos (13%) do que nos dois anos da Grande Recessão (5%). Metade das famílias dos EUA tem pelo menos uma pessoa que perdeu o emprego ou teve uma redução salarial em decorrência do surto.[2] Famílias com renda anual inferior a US$40 mil sofreram o pior golpe entre as famílias norte-americanas — quase 40% foram demitidas ou receberam licença não remunerada no começo de abril, enquanto isso aconteceu apenas em 13% das famílias com renda superior a US$100 mil.[3]

Para o bem ou para o mal, o mundo girou mais rápido.

Na Crise Há Oportunidade

Essa frase tornou-se um clichê por um motivo. John F. Kennedy fez dela uma parte importante dos seus discursos de campanha. Al Gore a usou em seu discurso de aceitação do Prêmio Nobel. A palavra chinesa para *crise* consiste em dois símbolos: um deles significa *perigo*, enquanto o outro, disseram-nos, significa *oportunidade*. Quais oportunidades nos aguardam após o corona?

A pandemia tem um lado positivo que poderia rivalizar com seu aspecto negativo. Os Estados Unidos, da noite para o dia, possuem a maior taxa de poupança e menor emissão de gases. Três das maiores e mais importantes categorias de consumo dos EUA (assistência médica, educação e mercearia) estão em um estado sem precedentes de disrupção e, possivelmente, progresso.

Enquanto a sobrecarga de alguns hospitais devido à Covid-19 seja, de maneira muito justa, a história principal, a narrativa mais duradoura pode ser como os outros 99% das pessoas usaram a assistência médica durante a pandemia — sem pisar no consultório de um médico e muito menos em um hospital. A adoção forçada da telemedicina promete uma explosão de inovação e abre uma nova frente na guerra contra os custos e os fardos do precário sistema de assistência médica dos EUA. De maneira similar, a adoção forçada do aprendizado remoto, por mais desajeitada e problemática que tenha sido, pode catalisar a evolução da educação superior, reduzindo os custos, aumentando as taxas de admissão e restaurando o papel das universidades como facilitadoras da mobilidade ascendente dos norte-americanos. Ainda mais fundamental que a educação, a área da nutrição se encontra à beira da revolução se o delivery de produtos de mercearia criar oportunidades para distribuições mais eficientes, um maior alcance para alimentos frescos e a adoção de produtos locais.

Sob essas mudanças, amadurecer durante uma crise mundial tem o potencial de criar uma geração com um valor renovado de apreço pela comunidade, pela cooperação e pelo sacrifício — uma geração que não acredita na empatia como fraqueza nem na riqueza como virtude.

Oportunidades não são garantias. Na verdade, a história popular sobre a palavra chinesa para *crise* não é bem assim. O primeiro símbolo significa *perigo*, mas o segundo pode ser mais bem traduzido como *momento crítico*. Uma encruzilhada. Para os compatriotas de Lênin, as transformações radicais de 1917 também apresentaram oportunidades. O fracasso deles em conquistá-las acarretou um imenso sofrimento.

É fácil acreditar que isso não ocorrerá conosco, que "isso não pode acontecer aqui". No entanto, tenha em mente que, há pouco tempo (meados do século XX), nós colocamos 75 mil cidadãos norte-americanos atrás de um arame farpado porque eles tinham ascendência japonesa. Leve em consideração que nenhum de nós, no início da pandemia, pensou que os Estados Unidos perderiam mil pessoas por dia para um vírus que outras nações (menos desenvolvidas?) conseguiram controlar.

Nossa resposta a essa crise não inspirou confiança. Apesar de mais tempo para nos prepararmos, gastarmos mais em assistência médica do que qualquer outro país e acreditarmos que somos a sociedade mais inovadora da história, os EUA tiveram 25% das infecções e mortes em todo o mundo mesmo tendo apenas 5% da população mundial. Foram necessários dez anos para criar 20 milhões de empregos e dez semanas para destruir 40 milhões. As viagens reduziram, os restaurantes estão às escuras, as vendas de bebidas e armas de fogo aumentaram. Mais de 2 milhões de pessoas da geração Z voltaram a morar com os pais[4] e 75 milhões de jovens estão indo para a escola em meio a incertezas, conflitos e perigo.

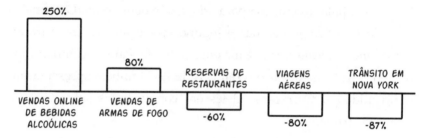

Historiadores podem dissecar os erros que nos levaram até aqui. A causa profunda de nosso fracasso já está clara.

Pense nas duas guerras. O envolvimento dos Estados Unidos na Segunda Guerra Mundial durou 3 anos e 8 meses, resultando na morte de 407 mil norte-americanos. Não era possível encontrar chocolate ou meias-calças, e, apesar do estresse financeiro durante a guerra, as famílias eram solicitadas a tirar trocados do bolso e investir em títulos de guerra. Os fabricantes reequiparam suas fábricas para construir bombardeiros e tanques; em todo o território nacional, um limite de velocidade da "vitória" de 56km/h foi imposto para poupar combustíveis e borracha para a guerra.[5] Nós alistamos estudantes e professores do ensino médio e eles deram suas vidas pela liberdade. Após a guerra, investimos em nossos inimigos e geramos mais riqueza e prosperidade do que qualquer outra sociedade até hoje. Durante algum tempo, mais do que nunca, distribuímos essa riqueza de maneira justa. Mudamos onde vivemos (subúrbios) e como vivemos (o carro e a televisão), além de iniciarmos um acerto de contas demasiadamente tardio com nossas mais profundas desigualdades de raça e gênero.

TERCEIRIZANDO O SACRIFÍCIO

As Forças Armadas dos Estados Unidos têm lutado no Afeganistão durante 19 anos e já perdemos 2.312 militares. O conflito se proliferou, transformando-se em uma violência que abrangeu metade do globo, com mortes civis alcançando incontáveis (literalmente) centenas de milhares. Durante esse tempo, eu vi diversas SUVs com autonomia de 6km/l ostentando adesivos de "Apoiem Nossas Tropas" no para-choque, mas não tive nenhuma dificuldade em encontrar chocolate, ou qualquer outra coisa, na loja ou no meu celular. Quanto mais dinheiro ganho, menor é minha alíquota e ninguém pediu para que eu comprasse um título de guerra ou me alistasse. Pelo contrário, nós terceirizamos a guerra para um exército voluntário de jovens da classe trabalhadora, financiado pelas futuras gerações por meio de um aumento de US$6,5 trilhões no deficit.[6]

O patriotismo costumava ser sacrifício; atualmente é estímulo. Na pandemia, os EUA e seus líderes falaram por meio de suas ações: milhões de norte-americanos mortos seria ruim, mas uma queda na NASDAQ seria trágico. O resultado foi um sofrimento desproporcional. Pessoas não brancas e norte-americanos de baixa renda possuem uma maior probabilidade de serem infectados, além de correrem o dobro de risco de serem acometidos por doenças sérias do que as famílias de alta renda.[7] Para os ricos, o tempo com a família e com a Netflix, as poupanças e o valor do portfólio de ações aumentaram, enquanto os custos e o tempo gasto com trajetos diminuíram.

Se os Estados Unidos se direcionam para um futuro digno de *Jogos Vorazes* ou para uma situação melhor, dependerá do caminho que escolheremos trilhar após o corona.

[1]
A COVID E O ABATE

O Abate da Manada:
Os Fortes Ficam (Muito) Mais Fortes

Um dos aspectos mais surpreendentes da crise da Covid tem sido a resiliência dos mercados de capitais. Após uma breve queda quando o surto se transformou em uma pandemia, os maiores índices de mercado (Dow Jones, S&P 500, NASDAQ Composite) se recuperaram consideravelmente. Durante o verão do Hemisfério Norte, os índices haviam recuperado a maior parte do terreno perdido, mesmo com as mais de 180 mil mortes norte-americanas, o recorde de desemprego e nenhum sinal de recuo do vírus. Em um artigo de capa do mês de junho, a *Bloomberg Businessweek* chamou o evento de "A Grande Desconexão".[1] De acordo com a revista, mesmo os "especialistas de Wall Street" ficaram "pasmos". Dois meses depois, no momento de escrita deste livro, o vírus está matando mil norte-americanos por dia e os índices de mercado continuam a subir.

No entanto, esses índices podem enganar. A "recuperação" tem sido resultado de ganhos imensos de algumas poucas empresas, especialmente as big techs e outros grandes players do mercado. Esse resultado não se reflete nos mercados públicos mais amplos. De 1º de janeiro a 31 de julho de 2020, o S&P 500, que lista as quinhentas maiores empresas públicas, estava positivo. Entretanto, as empresas de médio porte registraram uma queda de 10%, enquanto as seiscentas pequenas empresas do S&P 600 registraram queda de 15%.

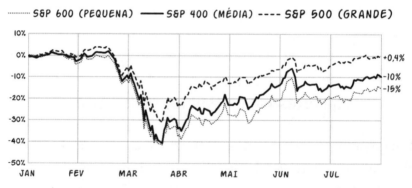

DESEMPENHO DE AÇÕES DOS ÍNDICES S&P DE PEQUENA, MÉDIA E GRANDE CAPITALIZAÇÃO
1º DE JANEIRO – 31 DE JULHO DE 2020

FONTE: ANÁLISE DE DADOS DO YAHOO FINANCE.

Enquanto a mídia se mantinha distraída com objetos brilhantes, como as big techs e os índices das empresas de grande porte, um implacável abate da manada estava a caminho. Os fracos não estavam apenas sendo deixados para trás; eles estavam sendo abatidos. A lista de falências é longa e chocante: Neiman Marcus, J. Crew, JC Penney e Brooks Brothers, Hertz (que é dona da Dollars e da Thrifty) e Advantage, Lord & Taylor, True Religion, Lucky Brand Jeans, Ann Taylor, Lane Bryant, Men's Warehouse e John Varvatos,

24-Hour Fitness, Gold's Gym, GNC, Modell's Sporting Goods e XFL, Sur la Table, Dean & DeLuca e Muji, Chesapeake Energy, Diamond Offshore e Whiting Petroleum, California Pizza Kitchen, a filial norte-americana da Le Pain Quotidien e Chuck E. Cheese.[2] Ações dos setores conhecidos como "BEACH" [acrônimo em inglês para reservas, entretenimento, companhias aéreas, cruzeiros e cassinos, hotéis e resorts] caíram, em média, de 50% a 70%.[3]

Isso ajuda a explicar o forte desempenho dos líderes do mercado. A avaliação de uma empresa decorre de seus números e narrativa. Neste momento, o tamanho pode fomentar uma narrativa não só sobre como uma empresa sobreviverá à crise, mas como ela prosperará no mundo pós-corona. Após o abate, quando as chuvas retornarem, existirão mais folhas para menos elefantes. Empresas com dinheiro, garantia de dívidas e ações bem valorizadas se posicionarão para comprar os ativos dos competidores aflitos e consolidar o mercado.

A pandemia também está impulsionando uma narrativa de "inovação". Empresas consideradas inovadoras estão recebendo uma valorização que reflete as estimativas dos fluxos de caixa daqui a dez anos, e descontados a uma taxa incrivelmente baixa. Os investidores parecem focados na visão de uma empresa, na narrativa sobre como ela pode estar daqui a uma década. É assim que, atualmente, o valor da Tesla é maior que o da Toyota, da Volkswagen, da Daimler e da Honda juntas, mesmo que a Tesla, em 2020, tenha tido uma produção de aproximadamente 400 mil veículos, enquanto as outras quatro empresas fabricaram um total de 26 milhões.

O mercado está fazendo apostas ousadas sobre o ambiente pós--corona, e nós estamos vendo grandes ganhos e bruscas perdas. No final de julho, a Tesla registrou um aumento de 242% no ano, enquanto a GM teve uma queda de 31%. A Amazon subiu 67% e a JC

Penney declarou falência. Essa "desconexão" — entre os grandes e os pequenos, os inovadores e os antiquados — é tão importante quanto a tão comentada lacuna entre o mercado e a ampla economia. Os vencedores de hoje são considerados os grandes vencedores de amanhã, enquanto os perdedores de hoje parecem condenados ao fracasso.

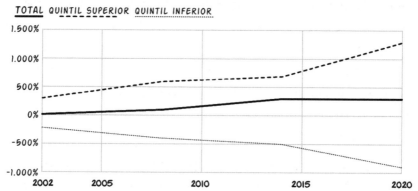

OS FORTES FICAM MAIS FORTES
LUCRO INFERIDO COM BASE NAS MUDANÇAS NA CAPITALIZAÇÃO DE MERCADO 2002-2020

OBS: MAIORES 2.562 EMPRESAS COM BASE NA RECEITA. FONTE: MCKINSEY & COMPANY, VARIANCE.

A questão sobre as previsões do mercado de capitais é que elas são, até certo ponto, autorrealizadoras. Ao decidir que a Amazon, a Tesla e outras empresas promissoras são as vencedoras, os mercados reduzem seu custo de capital, aumentam seus valores de compensação (por meio de opções de ações) e aprimoram sua habilidade de adquirir aquilo que elas não podem construir sozinhas. E existe uma quantidade incrível de capital buscando um lar neste momento. O governo dos Estados Unidos injetou US$2,2 trilhões na economia, e, graças a algumas terríveis decisões políticas (falarei sobre isso mais tarde), uma grande fatia desse valor entrará diretamente nos mercados de capitais. Então, empresas que estavam indo bem antes da pandemia se beneficiaram enormemente desta crise mundial. Elas encontraram um financiamento disponível para absorver perdas de receita, crescer mais que a competição e expandir para novas oportunidades criadas pela pandemia. Enquanto isso, os concorrentes mais fracos foram removidos dos mercados de capitais e receberão um corte na sua avaliação de crédito, além de uma ligação de seus credores e da desconfiança dos consumidores para negócios de longo prazo.

Existe um árbitro fora do âmbito econômico capaz de decidir quem morre, sobrevive ou prospera: o apoio governamental. Companhias aéreas, por exemplo, não estão em condições de sobreviver a essa pandemia em sua forma atual. É difícil imaginar um produto mais propício à propagação de um vírus do que um avião. A pandemia intensifica o trabalho remoto e inviabiliza as viagens de negócios, a galinha dos ovos de ouro do ramo. Além disso, as companhias aéreas possuem um grande overhead e uma dificuldade em reduzir os custos quando as receitas caem. Diversas companhias aéreas menores, que atuam em território nacional e não são consideradas grandes empresas nacionais, bem como algumas companhias estrangeiras — incluindo a Virgin Atlantic —, declararam falência. No entanto, suspeito que não veremos uma única companhia aérea norte-americana de grande porte falir, uma vez que elas exercem forte influência sobre o Congresso norte-americano. Em abril de 2020, o governo deu US$25 bilhões a essas companhias aéreas, e elas provavelmente conseguirão ainda mais. Uma combinação de bons lobistas e equipe de relações públicas, alta compreensão dos seus consumidores e uma profunda conexão com o orgulho nacional pode poupar um setor, dando-lhe uma tábua de salvação na forma de capital saído dos bolsos mais cheios da história.

Sobrevivendo ao Abate: O Dinheiro É Rei

Ao longo da última década, os mercados substituíram os lucros por visão e crescimento ao determinar o valor de uma empresa. Blitzscaling a qualquer custo. Os custos são apenas investimentos, e o lucro ou a dominação virá a seguir. Por que não? O fluxo de caixa é irrelevante quando os investidores estão fazendo fila para investir ainda mais capital, e, com um histórico de assumir poucas dívidas e prosperar com ativos intangíveis, os balanços patrimoniais do setor de tecnologia são alvos de pouco escrutínio.

Durante a pandemia, entretanto, o dinheiro é rei e a estrutura de custo tornou-se o novo nível de oxigênio no sangue. Fortes balanços patrimoniais significam capital para passar por tempos difíceis. Empresas com dinheiro, poucas dívidas ou dívidas de baixo custo, ativos bem valorizados e custos fixos baixos provavelmente sobreviverão.

A Costco está bem posicionada para enfrentar as más tendências do varejo por algumas razões, incluindo as 11 bilhões de razões em sua conta bancária. Os US$15 bilhões da Honeywell provavelmente levarão a empresa até uma terra pós-corona da abundância. A Johnson & Johnson possui quase US$20 bilhões — ou seja, não deixará seu posto. Cada uma dessas empresas poderá escolher entre os ativos e os consumidores deixados para trás quando os concorrentes mais fracos fecharem as portas. Em todas as categorias, haverá uma maior concentração de poder nas duas ou três empresas com balanço patrimonial mais forte.

Nos últimos anos, muito foi falado sobre o problema da recompra de ações — empresas usando seus ganhos para comprar suas próprias ações. Isso aumenta o valor das ações, frequentemente acarretando maiores bônus para a alta administração, mas não traz nenhum benefício para os negócios subjacentes. Conforme nos depararmos com uma recessão, a administração reconsiderará essa estratégia: eles vão querer esse dinheiro de volta, mas será tarde demais. A recompra de ações sempre foi uma bomba-relógio, trocando o futuro de longo prazo da empresa por retornos de investimento de curto prazo, e agora essas bombas estão explodindo. É preciso permitir que essas empresas caiam. Não deixá-las fracassar é decidir, como uma economia, que favorecemos os patrimônios líquidos em detrimento das dívidas, uma vez que os detentores da dívida deveriam possuir esses ativos.

O maior preço a ser pago será nas grandes empresas com muitos funcionários e que tiveram um balanço patrimonial ruim. Em março de 2020,[4] afirmei que a Ann Taylor acabaria e, em julho, a Ascena, sua empresa-mãe, declarou falência, devendo entre US$10 e US$50 bilhões para 100 mil credores, em sua maioria proprietários de imóveis. Em breve, a Chico's também partirá. O fracasso em inovar e atrair uma base de consumidores online e mais jovem tem sido letal para o varejo tradicional, mesmo antes da Covid. De um ponto de vista econômico, as empresas de pequeno e médio porte com frágeis balanços patrimoniais causarão o maior estrago. Esse é o desafio de ter um restaurante. Você tem um grande custo fixo — o seu aluguel — e existe pouco ou nada que você possa fazer a respeito. Além disso, por se tratar de um negócio com baixas margens e poucas fontes de financiamento, geralmente não existe um capital de amortecimento para sobreviver durante tempos difíceis.

Introdução ao Gerenciamento de Crise

No início do enfrentamento desta crise, é essencial compreender onde uma empresa se encontra no espectro estratégico da pandemia. Os movimentos corretos para o maior elefante da manada não são as jogadas inteligentes para uma "gazela doente" (como Bezos certa vez descreveu as pequenas editoras). O setor tem uma grande importância nessa questão: alguns setores estão ótimos (tecnologia), alguns estão apenas bem (transportes, assistência médica) e outros estão enfrentando dificuldades (restaurantes, hotelaria). Dentro dos setores, a força relativa nas métricas-chave (marca, administração, balanço patrimonial) requer diferentes estratégias. Mesmo no pior dos setores, alguém sobreviverá para alcançar o outro lado.

Mas muitas empresas não resistirão. A teimosia pode ser uma virtude até certo ponto, mas empresas em setores fortemente abalados que não estão em condições de tirar proveito dos concorrentes mais fracos precisam pensar muito fora da caixa. Existe um pivot disponível? Um ativo que pode ser levado para um novo negócio? Por exemplo, eu sou um investidor e estou no conselho da maior empresa de lista telefônica dos Estados Unidos. Agora ela está se transformando em uma empresa de Gestão de Relacionamento com o Cliente (CRM, na sigla em inglês). Essa empresa está tirando vantagem de seu maior ativo — o relacionamento com centenas de milhares de pequenos negócios — para oferecer a eles um produto de CRM com base em SaaS. A estratégia está funcionando.

Se o maior ativo é a marca, mas o negócio se encontra em um declínio estrutural, pense seriamente em usufruir dela até o fim. Por mais que tenhamos o costume de humanizá-las, marcas não são pessoas — são ativos para serem monetizados. Deixar uma marca morrer só é algo ruim se você não obter todo o seu valor durante seus anos dourados. Muitos gerentes tentam aplicar botox em suas marcas velhas para que pareçam jovens, quando na verdade deveriam deixá-las ir para um asilo lucrativo. Use esses últimos lucros para facilitar a transição para as pessoas de verdade que tornaram a marca valiosa: os funcionários e os clientes. Em suma, o melhor que muitos players de segunda categoria sem nenhum fundo emergencial podem fazer é buscar uma saída graciosa que proteja os funcionários e não deixe os clientes desamparados.

EXCESSO DE ZELO

Para aqueles com um caminho rumo ao futuro pós-corona, por mais estreito que esse caminho seja, as palavras de ordem sobre como responder a uma crise são *excesso de zelo*.

O exemplo paradigmático é a resposta da Johnson & Johnson ao escândalo do Tylenol. A razão de a empresa ser uma das mais valiosas do mundo é que, em 1982, quando diversos frascos de Tylenol foram envenenados após saírem das fábricas, presumivelmente com a intenção de extorsão, a Johnson & Johnson não se eximiu da culpa nem deixou tudo nas mãos da polícia. Em vez disso, a empresa retirou 31 milhões de frascos de Tylenol das prateleiras, estabeleceu uma linha direta, ofereceu recompensas em troca de informações sobre o crime e substituiu os frascos comprados. O envenenamento foi culpa da J&J? Não. A empresa exagerou? Sim. Esse excesso garantiu a saúde dos consumidores e restaurou a credibilidade da empresa? Sim e sim.

O Dr. Mike Ryan, que lidera o Programa de Emergências de Saúde da OMS, fez uma ótima afirmação, uma lição que se aplica a todas as emergências: "Se você precisa estar certo antes de agir, nunca vencerá. A perfeição é a inimiga do bem quando se trata do gerenciamento de emergências. A celeridade supera a perfeição. E o problema que temos na sociedade é que todos têm medo de cometer erros."

Para empresas em posições desfavoráveis, a sobrevivência dependerá de um corte de custos radical. Estamos vendo que, mesmo com a descoberta da vacina, retornar ao "normal" será um processo lento e imprevisível. Quase todo mundo está enfrentando deficits nas receitas, e as empresas que não poderão contar com injeção de capital, dívidas baratas ou generosidade governamental precisarão apertar os cintos como nunca. Há um antigo provérbio no setor de varejo: sua primeira redução de preço é a sua melhor redução de preço. É melhor vender algo a 80% do preço orçado do que aguardar outro mês e precisar reduzir esse número para 60%. Aguardar para agir só piora o problema.

Enfrente suas despesas como uma empresa e como uma equipe. Alcance o menor custo-base que puder e faça isso rápido. Caso você alugue algum imóvel, ligue para o responsável e diga: "Preciso suspender os pagamentos." Corte as compensações, começando por você e, então, por aqueles com os maiores salários — eles podem pagar pela redução, e isso envia uma mensagem. Encontre meios alternativos de compensação — ações, compensação diferida, férias —, qualquer coisa que não exija dinheiro imediato. No entanto, existe uma exceção nesse raciocínio: rescisões. Você não pode proteger empregos, mas pode proteger pessoas. Você precisa ser relativamente darwiniano e duro ao lidar com cortes de funcionários, mas faça o possível para oferecer bons acordos de rescisão.

Elimine o que não for necessário. Agora é a hora de retirar a sala do fundador "semiaposentado", cancelar a quarta e a quinta assinaturas de revistas para a recepção e restringir a política de viagens e refeições ao final da noite. Em junho de 2020, a Microsoft atuou com força nesse sentido, sofrendo um impacto de US$450 milhões para sair do negócio do varejo físico, um legado da era Ballmer.

PARTINDO PARA O ATAQUE

Além do corte de gastos, como é possível utilizar melhor os ativos dos quais você não pode abrir mão? Passei uma grande parte do verão de 2020 no telefone com líderes da educação superior que sentem uma intensa pressão vinda da pandemia, mas que, por causa do cargo efetivo de docentes, dos fortes sindicatos e de instalações físicas, possuíam pouca flexibilidade para cortar gastos. Portanto, eles têm buscado reduzir os custos por estudante ao alcançar mais alunos. Um investimento modesto em tecnologia lhes permite aumentar os tamanhos das turmas sem instalações físicas que correspondam a esse aumento.

Durante dez anos, no outono, eu ensinei a disciplina de estratégia de marca para um auditório lotado de 160 pessoas na Stern School of Business da Universidade de Nova York. É uma turma popular e muitos alunos queriam assistir às aulas, mas essa era a nossa maior sala. Em 2020, entretanto, a Stern seguiu o caminho digital, removendo esse limite físico — durante o outono desse mesmo ano, o meu auditório virtual teve 280 alunos. Isso significa que houve alguns custos adicionais com o Zoom e que contratamos alguns professores assistentes, mas o meu salário não mudou e não precisamos de mais imóveis em Manhattan.

As empresas com a sorte de estar em uma posição favorável deveriam mostrar sua força na pandemia. O interesse da Microsoft em adquirir o TikTok é apenas o começo do ambiente de fusões e aquisições (M&A, na sigla em inglês) que pode ser o mais robusto em uma década. As big techs e a classe dos inovadores estão jogando com moedas totalmente valorizadas/inflacionadas, o que significa que praticamente qualquer aquisição é incremental. É preciso apenas uma pequena parte do patrimônio líquido para fazer uma generosa oferta de ações, e negócios realizados em dinheiro vivo podem agregar mais valor de mercado em virtude dos múltiplos que novas linhas de produtos podem conquistar. Por exemplo, a Lululemon gastou US$500 milhões em dinheiro para comprar a Mirror, e os mercados recompensaram a empresa, reconhecendo que o movimento de trabalho (e exercício) em casa avançou uma década, aumentando seu valor em US$2 bilhões no dia seguinte.

O mundo pós-corona valorizará todo tipo de transação sem contato. Largaremos as viagens de negócios, os jantares de negócios e as partidas de golfe de negócios (graças a Deus) em favor de alternativas mais eficientes como e-mail, telefone e comunicações por vídeo, além de tudo aquilo que mais precisamos — jantares em casa e tempo para desanuviar. Repense os benefícios que você oferece aos seus funcionários — um auxílio para animais de estimação pode ser mais conveniente do que uma inscrição na academia. A flexibilidade de trabalhar em casa pode ser, de longe, o benefício mais benquisto que você pode oferecer. Ouvir os funcionários não só o ajuda a tomar as decisões mais eficazes, mas também gera confiança, algo escasso durante uma crise.

A segurança e a sobrevivência são os seus principais objetivos e isso pode significar não só realizar ajustes, mas repensar completamente o seu modelo de negócios. Você tem um restaurante em uma parte bacana da cidade? Esse importante aspecto da experiência foi severamente prejudicado em nome da segurança e da conveniência. Poderia você repensar o seu cardápio e o seu espaço para oferecer alimentos para viagem e "mantimentos", como fez um restaurante de Nova York,[5] mantendo um ar de luxo ao mesmo tempo que se torna brutalmente obcecado pela sobrevivência? Você tem uma loja física de livros raros com um site pouco funcional? É hora de se ampliar no mundo digital. Eu comprei um livro usado na Amazon que foi tão bem embalado que me fez pesquisar a livraria. Encontrei a loja e comprei mais produtos diretamente do site dela, porque o embrulho e a experiência foram incríveis. Em termos de tecnologias digitais, qualquer coisa que você faça para poupar o tempo de seus clientes agregará ao seu Net Promoter Score (NPS) mais do que qualquer linguagem de marketing rebuscada sobre "essa época sem precedentes". Vá direto ao ponto, torne o seu site o mais eficiente possível e poupe o meu tempo.

Agora é um bom momento para todos os negócios esquecerem o que aprenderam e começarem a fazer as difíceis mudanças necessárias para se posicionar em um mundo pós-corona. Comece do zero. Livre das decisões anteriores, como você mudaria sua abordagem para se inserir no mercado, como descobriria o tamanho e a composição correta de sua força de trabalho e como decidiria suas estratégias ideais de compensação? Você se verá em meio a uma nebulosidade para tomar grandes decisões, fazer grandes investimentos e apostas ousadas em uma pandemia — nada de manuais e uma quantidade muito menor de proteções.

Onde apostar? As maiores oportunidades surgirão nas áreas em que a pandemia está acelerando a mudança.

A Jogada de Gângster Durante a Covid: Estruturas de Custo Variável

Dinheiro é ótimo para fins de sobrevivência, mas a verdadeira jogada de gângster é ter leveza de capital, ou seja, uma estrutura de custo variável. A Uber é um paradigma desse novo modelo. A forma como a empresa alavanca *os ativos das outras pessoas* é a razão pela qual o preço de sua ação manteve-se estável, apesar do quase colapso de seu negócio central no início da pandemia. A Uber aluga espaço nos carros alheios, dirigidos por pessoas que não são seus funcionários (ao menos nos olhos da lei). No momento em que um carro da Uber deixa de gerar lucro, ele efetivamente desaparece e isso não custa quase nada à empresa. A receita pode chegar a zero durante uma crise e a Uber pode reduzir seus custos em 60% a 80%. A Hertz, por outro lado, possui os próprios carros e declarou falência. A Boeing possui US$10 bilhões em dinheiro, mas, se a receita cair em 80%, a empresa talvez poderá reduzir seus custos em 10%, talvez 20%. A Tesla pode dar uma licença a todos os seus trabalhadores, mas ainda deve centenas de milhões de dólares em propriedades alugadas (fábricas, lojas, estações de carregamento), bilhões de dólares em compromissos de compra para sustentar essas fábricas e em pagamentos do plano de saúde dos funcionários, além de precisar fornecer um serviço de garantia para quase 1 milhão de Teslas em circulação.

GIRO DE ATIVOS FÍSICOS
LUCRO BRUTO/ATIVOS FÍSICOS DE 2019

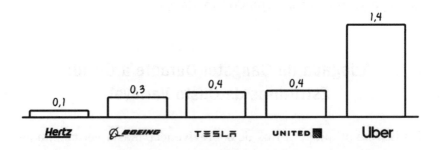

FONTE: ANÁLISE DOS DOCUMENTOS FINANCEIROS DAS EMPRESAS

O modelo da Uber é explorador, com certeza. Os "motoristas parceiros" da empresa ainda precisam pagar os *seus* carros e seguros. O modelo é semelhante à United Airlines dizer à sua tripulação de voo para trazer o próprio 747 caso desejem ser pagos. Mas é um modelo que funciona. Para a Uber.

O Airbnb é outro player bem posicionado, apesar de estar em um setor que praticamente desapareceu por alguns meses. Eles monetizam a propriedade de outras pessoas, o que significa que não são responsáveis pelo pagamento da hipoteca. O serviço deles terá uma boa recuperação, uma vez que o aluguel de espaços privados parecerá atrativo antes de as pessoas se sentirem confortáveis em retornar aos hotéis, parques de diversões ou cruzeiros. À medida que cada vez mais desempregados pensarem em ingressar na gig economy, será uma boa hora de alugar aquele quarto extra ou até se mudar para a casa dos seus pais e alugar o seu apartamento.

A gig economy é atrativa pelas mesmas razões que é exploradora. Ela se aproveita das pessoas que não se lançaram na economia da informação por não terem a qualificação exigida ou não poderem atuar em um emprego tradicional — pode ser um cuidador, alguém com um problema de saúde ou que simplesmente não tem um bom nível de inglês. A Uber se aproveita daqueles que não possuem direitos trabalhistas e oferece um trabalho com um salário inferior que é flexível e tem alguns custos iniciais. Isso é uma falha de caráter e código da administração da Uber e do seu conselho? É uma denúncia sobre nossa sociedade, que permitiu que esses grupos vulneráveis se formassem na casa dos milhões? A resposta é sim.

A Grande Dispersão

A Covid-19 está acelerando a dispersão em muitos setores econômicos. A Amazon, é claro, pegou a loja e a dispersou até nossa porta da frente. A Netflix pegou o cinema e o colocou em nossa sala de estar. Veremos essa mesma dispersão em outros setores, incluindo a assistência médica.

A maioria das pessoas que sobreviveram à Covid-19 nunca pisou na sala de um médico. Durante a pandemia, pessoas com algumas condições psicológicas consultaram seus terapeutas e receberam ajustes em suas medicações sem sair de casa. Isso foi permitido por mudanças nas regras dos seguros, que em grande parte desaprovavam a telemedicina e a prescrição remota. Essas mudanças provavelmente não serão desfeitas, e uma inundação de inovação e capital verterá do poço de oportunidades que foi cavado. A câmera de alta definição no seu smartphone já é uma ferramenta decente de diagnóstico, mas estamos a um passo de ferramentas de diagnóstico com uso facilitado chegando às nossas portas, para que possamos utilizá-las e enviá-las de volta. Especialistas serão consultados do outro lado da cidade, do outro lado do país. A Teladoc Health, o maior serviço independente de telemedicina dos Estados Unidos, está adicionando milhares de médicos à sua rede.[6] A transição para os registros médicos eletrônicos foi um grande avanço do Obamacare e pode ser o legado mais importante e duradouro do programa, uma vez que os registros eletrônicos permitem a dispersão de um setor pronto para a disrupção.

Temos visto uma mudança rumo à dispersão no setor de mercearia ocorrer em uma velocidade sem precedentes. Enquanto antes da pandemia a maioria das pessoas preferiria escolher seus próprios alimentos, em especial os cultivados, os conselhos para ficarmos em casa nos diziam que não era mais necessário apertar o abacate. Do começo de março até meados de abril, as vendas online de produtos de mercearia cresceram aproximadamente 90%, enquanto as vendas de delivery de comida aumentaram em 50%.[7] A infraestrutura que essa mudança inspirou, desde armazéns até o aprofundamento da relação com o consumidor, sobreviverá à pandemia e mudará nosso sistema alimentício. Hábitos que deveriam levar uma década para se estabelecer são agora o novo normal.

TRABALHANDO DE CASA

De tudo aquilo que a pandemia causou, talvez a aceleração de tendência mais visível e generalizada seja a transição radical para o trabalho remoto. A dispersão do trabalho chegou. Isso é, certamente, uma faca de dois gumes. Assim como muitas outras coisas na pandemia, seus maiores benefícios estão sendo colhidos pelos mais ricos, que possuem equipamento de home office, assistência com cuidados infantis ou outros meios de gerar renda durante o lockdown. A maioria da classe trabalhadora, por outro lado, não pode fazer seu trabalho em casa, uma vez que ele está atrelado às lojas, armazéns, fábricas ou outros espaços laborais. Para aqueles que podem fazê-lo, essa opção pode libertá-los do trajeto entre a casa e o trabalho e do cafezinho no escritório, mas também acaba impondo alguns ônus.

Como proprietário de empresas, há muito tempo sou cético quanto às culturas de home office. As ideias precisam flertar e conflitar umas com as outras, e isso acontece melhor pessoalmente. Assim como algumas coisas são mais bem ditas em um telefonema do que em um e-mail, reuniões podem ser mais produtivas do que chamadas do Zoom, e induzem maior camaradagem em comparação com elas. Estar presente também é ótimo para a prestação de contas — detalhes visuais ajudam a gerar confiança. Além disso, proximidade é a chave para os relacionamentos, e eles são importantes para a cultura de qualquer organização.

Mas a presença também é custosa. Espaço para escritórios, trajeto de casa para o trabalho, lavagem a seco, sanduíches com o preço inflado — os custos só aumentam. Enquanto isso, a tecnologia que permite interações virtuais se torna cada vez melhor e mais barata. A pergunta de 1 trilhão de dólares é se a tecnologia pode dispersar nossa força de trabalho sem reduzir uma cultura de inovação e produtividade. Seis meses atrás, eu ainda pensava que não podia. No entanto, o vírus não se importa com minhas teorias de administração; dessa forma, aqui estamos nós.

Apesar dos estereótipos de que o trabalho remoto alimenta a preguiça, dados iniciais sugerem que a produtividade está aumentando, pelo menos em algumas empresas.[8] Até junho de 2020, 82% dos líderes corporativos planejavam permitir o trabalho remoto pelo menos em parte do tempo, enquanto 47% afirmaram ter intenção de permitir o trabalho remoto em tempo integral.[9] Ainda estamos no começo da experimentação com o trabalho remoto. Altos níveis de estresse, distrações da família e tecnologia improvisada não costumam combinar bem. Todos nós estamos cansados do Zoom, mas estão surgindo novas tecnologias para o aprimoramento das interações em equipe. Desejamos o contato, não a vigilância. Essa é uma enorme oportunidade de inovação. A Zoom, por exemplo, anunciou seu primeiro sistema dedicado de videoconferência em casa, um monitor de 27 polegadas com microfones e câmeras de campo de visão amplo. A startup Sidekick oferece um tablet sempre ligado com foco em pequenas equipes que desejam uma comunicação constante e espontânea com seus colegas de trabalho, simulando um ambiente no qual todos estejam sentados ao longo do dia.[10]

De forma anedótica, acredito que trabalhar em casa tem sido mais difícil, e não mais fácil, para a maioria das pessoas — especialmente para os pais de crianças pequenas —, e o cobiçado equilíbrio entre trabalho e vida pessoal parece cada vez mais distante. No entanto, a principal razão para isso é que também estamos tentando dar continuidade ao ensino primário e secundário de maneira remota, e essa é uma perspectiva difícil, mas provavelmente de curto prazo. Uma vez que as escolas voltem ao sistema presencial em 2021, espera-se que os benefícios do home office se tornem ainda maiores (nada de trajetos de casa ao trabalho, nada do rush da manhã, menos tempo gasto preparando tudo e o benefício de trabalhar em diferentes espaços de casa).

Essa é uma oportunidade para que os empregadores elaborem novas vantagens e novas formas de apoiar seus funcionários. Empresas em cidades grandes chegavam a gastar até US$2 mil mensais em lanches para o escritório (na L2 esse gasto era de US$20 mil). Agora que não precisaremos mais comprar esses lanches, na minha nova startup, Section4, damos mensalmente aos funcionários cartões de débito para gastos com alimentos. Eles podem comprar seus próprios lanches. Muitas pessoas não possuem em suas casas equipamentos confortáveis o suficiente para passar de 8 a 10 horas trabalhando. Você realiza uma auditoria sobre as necessidades do home office e compra cadeiras boas para alguns funcionários? Os funcionários que já possuem cadeiras recebem uma caixa de som? Você compra bons microfones para eles ou simplesmente oferece gift cards para lojas de materiais de escritório? As opções dependerão do tamanho da sua equipe e do seu orçamento. O que importa é mostrar consciência e apoio.

Trabalhar de casa às sextas-feiras costumava ser um benefício desfrutado por poucos. Após o corona, trabalhar de casa em uma sexta (ou segunda, quarta e sexta) será o novo normal.

EFEITOS DE SEGUNDA ORDEM DA DISPERSÃO DO TRABALHO

Algumas varejistas podem se beneficiar. Se vou passar mais 10% a 20% do meu dia útil em casa, quero aquele incrível sofá da CB2 ou investir na Sonos. Compras de utensílios domésticos aumentaram 33% em março, mesmo com grande parte dos EUA em lockdown — se as pessoas ficarão presas dentro de suas casas, trabalhando remotamente, então é hora de encarar aqueles projetos de reforma.

A normalização do trabalho remoto pode ajudar a criar melhores oportunidades para as mulheres. As mulheres com menos de 30 anos e sem filhos acabaram com a lacuna de pagamento que existia entre elas e suas contrapartes masculinas. Quando as mulheres têm filhos, passam a receber 77 centavos do dólar a menos em comparação às suas contrapartes masculinas. Parte de nossa habilidade de criar a mesma trajetória de carreira para mulheres com filhos é criar mais opções e mais flexibilidade acerca do local em que elas trabalham. Parte de trabalhar remotamente é a habilidade de trabalhar em horários diferentes do restante da equipe, possibilitando atender a necessidades familiares, como cuidados com os filhos, trabalhos paralelos ou hobbies que contribuem para o equilíbrio entre trabalho e vida pessoal. Pode ter chegado a hora de estender o tapete de yoga ou tirar a poeira da bateria na garagem, em vez de gastar anualmente 225 horas, ou 9 dias completos, com o trajeto até o trabalho.[11]

No entanto, existem riscos relacionados ao trabalho remoto. Se seu emprego em uma big tech pode ser feito em Denver, então existe uma boa chance de que ele também possa ser feito em Bangalore. Além disso, por mais incrível que seja trabalhar no sofá, estamos em uma sociedade desigual, na qual as mulheres ainda fazem mais tarefas domésticas e cuidam mais das crianças que os homens. Como resultado disso, especialmente enquanto as escolas se mantêm relutantes em abrir, se maiores cuidados infantis e ensino domiciliar forem necessários, o responsável mais propenso a se afastar do trabalho será a mãe. Isso é especialmente verídico para grupos de baixa renda.

O progresso profissional é, com frequência, resultado de diálogos informais e presenciais, como beber após o expediente ou almoçar de forma descompromissada. A presença tem efeitos sobre quem é o principal cotado para uma promoção ou com quem determinado executivo se sente mais familiarizado e confortável. Isso requer das empresas um esforço extra para incluir funcionários que trabalham remotamente em reuniões, comunicações informais e decisões de promoção. Julgue o desempenho, não o cronograma.

Mesmo com os melhores esforços, será difícil evitar uma disparidade de oportunidades entre aqueles que podem ir ao escritório cinco (ou mais) dias por semana e aqueles que não podem, seja por conta de seus filhos ou de outras obrigações com dependentes (mais frequentemente atribuídas às mulheres), porque o funcionário é imunocomprometido ou porque ele mora a mil quilômetros de distância do escritório. Isso é injusto para os funcionários, mas quem perde são os empregadores — os mesmos obstáculos que interferem no comparecimento ao escritório podem forjar habilidades e disciplina. Nas nove empresas que fundei, minha experiência tem indicado que as funcionárias que também são mães frequentemente dominam um nível de eficiência que ultrapassa de maneira visível o de colegas que são pais.

Falarei mais sobre isso no Capítulo 5, mas não podemos ignorar o fato de que o trabalho remoto será um meio de aumentar a desigualdade de renda. Sessenta por cento dos empregos que pagam acima de US$100 mil podem ser realizados em casa, em comparação com apenas 10% dos empregos que pagam abaixo de US$40 mil. Esse fator contribui muito para o impacto desigual da pandemia em diferentes níveis de renda (os trabalhadores de baixa renda são quatro vezes mais propensos a serem demitidos ou a receberem uma licença do que os trabalhadores de alta renda). Depois do corona, os benefícios da maior flexibilidade que surge com as alternativas de trabalho remoto fluirão para aqueles que já são mais prósperos.

Aqui também existe uma dinâmica intraclasse, embora trate-se mais de conforto do que da desigualdade fundamental. Trabalhar de casa pode significar muitas coisas diferentes. Pessoas mais velhas, com suas grandes casas em bairros residenciais, possuem escritórios e equipamentos dedicados, muitos até conseguiram uma creche em horário integral ou seus filhos já são velhos o suficiente para não exigirem supervisão constante. Os mais jovens, em contrapartida, têm mais chances de morar em apartamentos apertados e casas simples, sem espaços dedicados ao trabalho.

Entretanto, essas frustrações também significam oportunidade. A mesma tecnologia que permite o trabalho remoto também possibilita trabalhar em escritórios temporários e filiais. Eu era, para dizer o mínimo, pessimista quanto à WeWork,[12] mas me sinto otimista quanto ao conceito subjacente da empresa. Espaços flexíveis, onde as pessoas podem trabalhar sozinhas ou em equipe, distribuídos por toda a cidade e além, é algo que parece ser o futuro.

Os efeitos de segunda ordem de uma transição para o trabalho remoto — ou para o trabalho em escritórios remotos — são fascinantes. O que acontece com as cidades em um mundo no qual não é preciso morar nelas?

É uma tendência que vale a pena assistir, mas eu ainda não redigiria o obituário das cidades. Quarenta anos atrás, era moda prever a morte da cidade grande, mas elas voltaram com toda a força, e não foi porque as pessoas precisavam morar nelas para trabalhar. Os jovens trouxeram as cidades de volta porque eles desejavam morar perto de outros jovens e ter acesso à cultura e ao entretenimento. De fato, esses atrativos têm se mostrado tão fortes que muitas cidades, Nova York sendo a primeira entre elas, se tornaram tão desejáveis que os jovens — em muitos casos, os filhos daqueles que salvaram as cidades — não podem pagar para morar nelas. No melhor cenário possível, vemos os profissionais de meia-idade se mudando para municípios bucólicos e encantadores, com escolas incríveis, e deixamos o pessoal de 20 e tantos na agitação dos centros urbanos.

A Era das Marcas Abre Caminho para a Era dos Produtos

Na minha primeira empresa, a Prophet, percorremos o mundo pregando para empresas da lista Global 500 que a habilidade de uma empresa de conseguir retornos acima do mercado dependia da habilidade de desenvolver uma identidade de marca atraente, e então tratar essa identidade como uma religião, pensando nela durante cada ação e investimento. E isso era feito por meio do incrível poder da publicidade de transmissões de rádio e TV.

Do fim da Segunda Guerra Mundial até a chegada do Google, o algoritmo de gângster para o valor do stakeholder era simples — crie um produto mediano produzido em massa e o preencha com associações intangíveis. Em seguida, reforce essas associações por meio de uma mídia de transmissão barata, que, à época, ocupava o norte-americano médio por cinco horas diárias. A Era das Marcas pegou o bastão de um cansado setor manufatureiro. Empresas como

McKinsey, Goldman Sachs e Omnicom construíram a força de trabalho e a infraestrutura para uma economia de serviços em crescimento. A Era das Marcas criou gurus, departamentos de marketing e diretores de marketing, além de manter os carros pretos de transporte executivo em fila próximos à sede da Viacom e da Condé Nast. A emoção injetada em um produto medíocre (carros norte-americanos, cerveja light, comida barata) era o algoritmo para a criação de centenas de bilhões em valor para stakeholders. Momentos Kodak e "ensinando o mundo a cantar"[13] se traduziam em margens irracionais baseadas em uma resposta emocional a produtos inanimados.

Don Draper viveu a boa vida. A indústria da publicidade via pessoas criativas que tingiam os cabelos aos 40 anos e usavam óculos descolados como os messias da última metade do século XX. Essa mesma indústria levou as marcas até fabricantes de máquinas de lavar e minivans. A marca era um novo tipo de pó de fada que oferecia um estilo de vida excepcional para empresários medianos. Devotos do complexo industrial publicitário seriam abençoados com margens sacrossantas, apesar de seus produtos não possuírem qualquer diferenciação.

Eu ganhei a vida pregando isso. E então veio a internet.

Vendi minha participação na Prophet em 2002. Eu havia começado a odiar o setor de serviços. O sucesso nesse ramo é uma junção de suas habilidades em transmitir suas ideias e em desenvolver relacionamentos. Eu amava a primeira, mas odiava a última — gerenciar colegas e fazer amizades por dinheiro. O setor de serviços é prostituição, só que sem dignidade. Se você passa muito tempo em jantares com pessoas que não fazem parte da sua família, significa que está vendendo algo medíocre.

Eu tive sorte e saí deste meio. A Era das Marcas estava chegando ao fim. Não houve um marco específico para esse momento, mas uma série de infecções oportunistas: o Google, o Facebook e a tecnologia que libertava os ricos dos anúncios. Se quiser marcar o começo do fim, o Tivo é uma boa opção. Lançado, de maneira conveniente, nos últimos meses do século XX, o Tivo permitia que aqueles com uma renda extra disponível trocassem essa renda por algo ainda mais valioso: tempo. Ao possuir um Tivo, com apenas um pouco de paciência e planejamento prévio, você nunca precisaria assistir a um comercial novamente. A publicidade se tornou uma espécie de imposto que apenas os pobres e os tecnologicamente analfabetos tinham que pagar.

Enquanto o Tivo nos oferecia uma prévia de um mundo sem comerciais (ao menos para quem podia pagar), surgia uma grande quantidade de novos produtos, ridiculamente melhores que os usados anteriormente (Google vs. classificados, Kayak vs. agentes de viagem, Spotify vs. CDs). Esses produtos não precisam interromper a série *Succession* a cada dez minutos.

Se o Tivo marca o começo da transição da Era das Marcas para a Era dos Produtos, o verão de 2020 viu o fim da Era das Marcas. O assassinato de George Floyd e os protestos subsequentes retiraram por um momento a pandemia do centro de nossa consciência nacional, tornando óbvia a passagem da Era das Marcas para a história. Aparentemente, todas as empresas de marca fizeram o que sempre fazem quando os pecados norte-americanos são retirados do armário onde tentamos escondê-los: ligaram para suas agências e publicaram palavras inspiradoras, imagens atrativas e retângulos negros. A mensagem era: nós nos importamos. Só que dessa vez a mensagem não fez eco. A mágica da marca fracassou.

Primeiro na mídia social, e então saindo aos tropeços de lá para os jornais e noticiários do horário nobre, ativistas e clientes começaram a utilizar as ferramentas da nova era para comparar as mensagens de marca cuidadosamente forjadas dessas empresas com a realidade de suas operações. *"This you?"* [uma contração de *"ain't this you?"* — "esse aqui é você?", em português] se tornou o meme do Twitter responsável por expor os magos da marca. Empresas que postavam sobre seu "apoio" ao empoderamento negro eram repreendidas quando seus próprios sites revelavam que suas ações não condiziam com suas palavras. A NFL publicou a afirmação de que celebrava os protestos, e a internet respondeu com "This you?" a uma imagem de Colin Kaepernick ajoelhado. A L'Oréal publicou que "ter voz vale muito" e teve como resposta histórias sobre a empresa demitir uma modelo três anos antes por suas denúncias contra o racismo. Essa consciência performática das marcas soava forçada e vazia. O racismo estrutural é uma questão séria, e um "merchand" de trinta segundos durante o programa *The Masked Singer* não prova que você está encarando esse tema com seriedade. Isso sempre foi uma verdade sobre os anúncios, mas a mídia social e a facilidade de acesso a dados na internet dificultou muito para as empresas fingirem se importar.

BEM-VINDOS À ERA DOS PRODUTOS

Afirmar seu apoio às causas sociais é algo secundário para os construtores de marcas, é claro, mas essas ferramentas digitais também estão trazendo prejuízos para o negócio central. Na Era das Marcas, um viajante abastado e novo na cidade pede ao taxista para levá-lo até o Ritz, porque essa é a marca que ele conhece. Na Era dos Produtos, uma cliente de valor verifica o seu smartphone assim que desce do avião, descobre que o Ritz está sendo reformado e que os críticos acreditam ser muito caro, e consegue, por meio do crowdsourcing, uma recomendação para um novo hotel boutique em uma área mais badalada.

Os perdedores nessa transição são as empresas de mídia que forneceram plataformas para os grandes e ousados anúncios de construção de marca da Era das Marcas, e para as empresas de publicidade orientadas à criatividade que fundavam essas marcas. Se você ganha a vida nas costas de anúncios de trinta segundos com um texto publicitário premiado e atores talentosos conectando emoções a produtos, esse não é o futuro que você desejava. Vinte anos atrás, a Levi Strauss & Co. pediu para que três conselheiros externos participassem das reuniões do conselho: dois ícones de agências de publicidade, Lee Clow e Nigel Bogle, e este que vos escreve, o estrategista de marca. Essa era a importância da criatividade e publicidade para a empresa. Eu estive em cerca de 150 reuniões de conselho desde aqueles dias na Levi's, e acho que nunca ouvi um diretor perguntar o que a agência de publicidade pensava sobre qualquer coisa. O tempo deles passou.

DESEMPENHO DE AÇÕES DO FACEBOOK, DO GOOGLE E DA VELHA GUARDA
AGOSTO DE 2015 – AGOSTO DE 2020

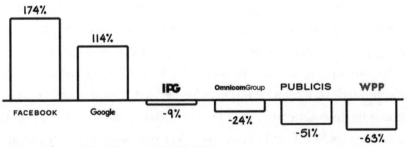

FONTE: ANÁLISE DOS DADOS DA SEEKING ALPHA.

Tempos problemáticos na economia sempre significam uma retração nos dólares destinados a anúncios, e isso está, inicialmente, afetando os players online e os tradicionais. Termos de pesquisas e anúncios no Google e no Facebook caíram 20% no mês posterior ao assassinato de George Floyd. Mas a retração na mídia tradicional foi ainda maior. A recuperação será igualmente sangrenta, porque, uma vez que a maré retorne, fluirá somente para a mídia de publicidade da Era dos Produtos, não para a velha guarda da Era das Marcas. A participação do duopólio do Google e Facebook no mercado de publicidade digital está prevista para alcançar 61% em 2021.[14]

Em 2012, eu estava trabalhando com a Four Seasons. Ótima empresa — boas pessoas, canadenses (o que é redundante). Durante a Grande Recessão, a marca de hotéis de luxo teve que suspender toda sua publicidade impressa, uma vez que a receita por quarto teve uma queda de 25%. Quando a demanda retornou, uma coisa estranha aconteceu: a ausência da publicidade impressa pareceu não ter feito diferença. Multiplique esse fenômeno por 1 milhão e veja o que acontece — milhares dos maiores anunciantes do mundo usarão essa abstinência da mídia de transmissão (com os negócios sofrendo uma queda de 30% a 50%) para abandonar o hábito e nunca mais olhar para trás.

As duas maiores empresas de rádio, a iHeartRadio e a Cumulus Media, provavelmente entrarão em recuperação judicial (de novo) até o verão de 2021. A previsão é de que a publicidade em rádios sofra uma queda de 14% em 2020.[15] A Covid-19 possui uma taxa de mortalidade de 0,5% a 1% nos Estados Unidos.[16] Entre as empresas de mídia norte-americanas, essa taxa será dez vezes maior. Empresas que vão desde a Condé Nast até a Viacom demitiram e puseram funcionários sob licença na mesma velocidade que o Facebook e o

Google têm aumentado as contratações. Como você identifica as melhores pessoas da News Corp, Time Warner e Condé Nast? Simples: em breve, elas estarão trabalhando no Google.

Empresas de marketing digital que não são o Facebook ou o Google sofrerão um golpe ainda maior. O BuzzFeed e o Yelp viram os anúncios exibidos em seus sites sofrerem uma queda de 40% a 70% em 2020 com relação ao ano anterior e estão respirando por aparelhos. *Vox*, *HuffPost* e *Vice* seguirão o mesmo caminho. Algumas sobreviverão. Algumas.

PREVISÃO DO GASTO EM PUBLICIDADE NOS ESTADOS UNIDOS EM 2020, ANTES E DEPOIS DO CORONAVÍRUS
DEZEMBRO DE 2019 VS. MARÇO DE 2020
☐ DEZ, 2019  MAR, 2020

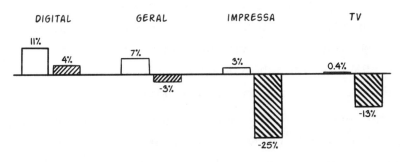

FONTE: MAGNA GLOBAL

Vermelho e Azul

Existem dois modelos fundamentais de negócios. **No primeiro**, uma empresa pode vender as coisas por um preço superior ao seu custo de produção. A Apple gasta cerca de US$400 com circuitos e vidro, embebe o material com a promessa de status e *sex appeal* por meio de uma publicidade brilhante, e me cobra US$1.200 por um iPhone. **No segundo**, uma empresa pode dar coisas — ou vender abaixo do custo — e cobrar outras empresas pelo acesso ao seu produto: os dados comportamentais dos consumidores. A NBC contrata Jerry Seinfeld para escrever uma série televisiva, grava dezenas de episódios em um estúdio de Los Angeles feito para se parecer com uma versão higienizada de Manhattan, então oferece a série gratuitamente para qualquer um com uma assinatura. Mas a cada oito minutos a NBC interrompe o diálogo espirituoso, oferecendo alguns minutos de anúncios e cobrando os seus anunciantes, seus verdadeiros clientes, pela exibição. O produto, claro, é você.

Alguns negócios combinam os dois modelos. A NFL consegue cerca de um terço da sua receita com o primeiro: vendendo ingressos para os fãs nos jogos, além de roupas e outros produtos com os logos da NFL. E ela também consegue dois terços da sua receita vendendo o acesso a esses fãs para anunciantes, desde anúncios do Super Bowl e seus 5 milhões de dólares até logos corporativos revestindo cada metro quadrado disponível no estádio.

No entanto, conforme nos aproximamos de uma economia baseada na tecnologia, esse segundo modelo de negócios pode se tornar ao mesmo tempo mais lucrativo e mais problemático. Nos velhos tempos da publicidade, só precisávamos dedicar um pouco de nosso tempo e atenção para conseguir as coisas grátis que eram pagas pela publicidade. Todavia, quando nossos relacionamentos estão online, as empresas que nos dão todas essas coisas supostamente grátis de repente têm acesso a todos esses nossos dados — o que lemos, onde compramos, com quem falamos, o que comemos, onde vivemos. E elas estão usando esses dados para conseguir mais dinheiro à nossa custa. **Nós costumávamos trocar tempo por valor. Agora trocamos nossa privacidade por valor.**

Além disso, as empresas que acumulam essas informações estão aprimorando a forma de utilizá-las para capturar ainda mais de nossos dados e de nosso tempo. A NBC podia transmitir somente um programa de cada vez e precisava dar o seu melhor em avaliar qual combinação de programas ao longo da semana renderia a audiência mais valiosa para vender aos seus anunciantes. Mas o Facebook pode personalizar sua programação para cada uma de suas unidades de recurso de atenção publicitária (o que eu e você chamamos de "pessoas") para mantê-las clicando nas telas e, assim, gerar um maior inventário para a máquina publicitária do Facebook.

Os ramos de atividade se bifurcarão cada vez mais ao longo dessa linha divisória. Nós já vimos isso acontecer nos dispositivos móveis. A disputa Android versus iOS lhe oferece uma escolha entre um produto decente por um custo inicial baixo ou nulo, mas o sacrifício de seus dados e privacidade, versus um produto de maior qualidade e com melhor marca por um custo inicial muito maior, mas sem toda a exploração no back end. Os smartphones Android registram 1.200 pontos de dados por dia de seus usuários e os enviam de volta à nave-mãe mineradora de dados do Google. Os smartphones iOS recolhem duzentos desses mesmos pontos, e a Apple faz o possível para enfatizar que esses dados não estão sendo usados para a obtenção de lucros. "A verdade é que poderíamos fazer muito dinheiro monetizando nossos clientes se fizéssemos deles nosso produto. Nós escolhemos não fazer isso", disse o CEO da Apple, Tim Cook, em 2018.[17]

O mundo inteiro está se dividindo entre Android ou iOS. Os usuários do Android são as massas que trocam privacidade por valor. Os usuários do iOS são os ricos que gozam do luxo da privacidade e da sinalização de status ao pagar US$1.249 mais impostos (o que equivale a mais de um mês da renda familiar na Hungria) em troca de sensores e chipsets no valor de US$443 (o custo de montar um iPhone).[18]

Você pode ter o seu entretenimento de vídeo no YouTube gratuitamente, mas é uma bagunça de conteúdos e o algoritmo que deveria ajudá-lo a navegar por eles acaba lhe empurrando rumo a qualquer coisa que prenda o seu interesse. E, a menos que você seja um santo contemporâneo, existe uma chance de lhe recomendarem conteúdos provocativos, sejam eles teorias da conspiração, violência ou extremismo político. O Google rastreia suas visualizações, as associa com todo o resto que ele sabe sobre você (e é muito) e utiliza todos esses dados para vender anúncios a você e a todos os grupos dos quais faz parte.

A Netflix, por outro lado, opera em um modelo azul/iOS. Você paga e recebe o conteúdo. Você é o cliente e o conteúdo é excelente. O YouTube, por sua vez, é pior em qualidade, mas é gratuito — caso não se importe com a mineração de dados e a chance de seus filhos se tornarem nacionalistas brancos.

Você pode esperar que essa divisão se torne mais profunda conforme os dois modelos se tornam cada vez mais incompatíveis. A NFL pode operar nos dois mundos, pois sua receita com publicidade não sabota a premissa de suas receitas com ingressos e mercadorias. O mesmo, porém, não é verdade para uma empresa como a Apple. Tim Cook prometeu que a Apple não colherá nossos dados. "A privacidade é um direito humano fundamental", disse ele. Mas a Apple recebe US$12 bilhões por ano por fazer do Google o motor de busca padrão do iOS. A Apple provavelmente se divorciará do Google, ainda que isso custe US$12 bilhões por ano à empresa, além dos bilhões que ela precisará para construir seu próprio motor de busca. A Apple não será capaz de monetizar a pesquisa na mesma extensão do Google, pois ela não pode transformar Tim em um mentiroso. Mas pode sobreviver sem o Google. Assim como a empresa pode nos fazer assistir ao *The Morning Show*, que é um *Murphy Brown* com orçamento de US$15 milhões por episódio, ela poderá nos enfiar goela abaixo um motor de busca com 80% da qualidade do Google. Ela manda no jogo. Eu sei, você deve estar pensando que, primeiro, ela precisa melhorar o trabalho com os mapas. É um argumento justo.

MÍDIA SOCIAL VERMELHA E AZUL

Neste momento, a mídia social é completamente vermelha quanto à sua abordagem à questão de dados vs. privacidade. Serviços gratuitos, grosseiramente exploratórios, às vezes de formas que nem percebemos. Em junho de 2020, foi revelado que o TikTok escaneia a área de transferência do usuário a cada poucos segundos, mesmo quando o app está sendo executado em segundo plano.[19] A empresa prometeu parar de fazer isso (após um novo recurso de segurança do iOS pegar o app no ato), mas caso você tenha usado o TikTok antes do verão de 2020, é possível presumir que tudo que você copiou e colou em seu smartphone desde que passou a usar o app está agora armazenado em um banco de dados na China sob o seu nome. Usar o Facebook pode não fazer seus dados pessoais irem parar na nuvem do Partido Comunista Chinês, mas, considerando o histórico do Facebook em proteger a privacidade de seus usuários, isso só não acontecerá porque a oferta dos chineses será ultrapassada por um adolescente ucraniano com muitos bitcoins buscando derrubar a democracia.

Há uma grande oportunidade para um ou vários players se tornarem o iOS da mídia social. A melhor oportunidade para assumir o modelo azul e capturar uma audiência menor, porém mais valiosa, é do Twitter. O Twitter tem tentado tomar a pílula vermelha/Android, mas não está funcionando. E enquanto a administração insiste em perder dinheiro tentando explorar seus usuários para construir outra máquina do ódio, esses usuários estão explorando a plataforma para construir suas próprias marcas e negócios. É hora de o Twitter migrar para o mundo azul/iOS e começar a cobrar pelo seu valor. Ele não possui a escala para competir em um modelo de anúncios, e suas ferramentas de anúncio estão abaixo do padrão.

Após meses de um lobby público nessa frente por um bravo (e lindo!) professor de marketing da Universidade de Nova York,[20] o Twitter finalmente anunciou, em julho de 2020, que iria "explorar" um modelo de assinatura. O mercado amou isso. Apesar de o Twitter admitir, na mesma conferência de ganhos, que a receita com anúncios sofreu uma queda de 23%, as ações subiram 10%. Se possuísse um CEO em tempo integral, ele teria chegado a essa conclusão na metade do tempo.

Eu posso poupar o Twitter de mais um ano de "exploração" do modelo de assinatura. Os preços de assinatura devem se basear nos números de seguidores. Se a @kyliejenner pode ganhar US$430 mil por tweet promovido, então ela pagará US$10 mil por mês para manter sua receita, e a @karaswisher (1,3 milhões de seguidores), tenho certeza, pagaria US$250 por mês. Contas verificadas com menos de 2 mil seguidores permaneceriam gratuitas para manter a massa crítica.

O mercado B2B por si só já seria enorme, já que o Twitter substituiu as relações públicas, agências de notícias e empresas de relações com investidores. Que empresa não pagaria US$2 mil por mês para anunciar o novo produto SaaS/diet/keto/hemp? O Twitter poderia sofrer um golpe de 40% de receita bruta em curto prazo, e triplicar suas ações nos próximos 24 meses conforme a empresa migra para o modelo de assinatura.

A verticalidade reforçaria a oferta de assinatura. O Twitter deveria adquirir diversas propriedades de mídia independentes (Lee, McClatchy, Condé Nast, Hearst etc.) ou os ativos delas.

O modelo de assinatura oferece um presente gratuito com a compra: identidade. As pessoas são menos horríveis quando seu nome e reputação estão em jogo. Plataformas apoiadas por anúncios são incentivadas a permitir robôs e interferência russa, além de fornecer mais oxigênio para ideias que não possuem mérito, mas são inflamáveis. A raiva gera engajamento, o que se traduz em mais anúncios da Nissan. Você se lembra daquela vez que a Netflix ou o LinkedIn o irritaram para valer? Quem fez isso, na verdade, foi o Twitter ou o Facebook.

Além disso, o Twitter tem o benefício extra de ser muito ruim com publicidade. Migrar para um modelo de assinatura traria uma queda de receita muito menor do que para o Facebook, que monetiza seus usuários em uma taxa muito maior que o Twitter.[21] Este poderia, ainda, reter grande parte de sua receita com anúncios durante a fase de transição, ou até escolher um modelo híbrido que remova 90% do material cancerígeno.

Enquanto o Twitter descobre isso a uma velocidade de meio CEO, a Microsoft deveria lançar sua própria plataforma de microblogs como uma submarca do LinkedIn. Se existe alguma dúvida de que a mídia é a nicotina (viciante), mas que a publicidade é que causa o câncer (tabaco), compare as empresas de mídia mais bem-sucedidas da última década: Google, Facebook, Netflix e LinkedIn.

Duas delas estão destruindo o tecido da sociedade, as outras duas... Não. A diferença? O Facebook e o Google usam a raiva como modelo de engajamento, enquanto a Netflix e o LinkedIn possuem um modelo de assinatura (observação: aproximadamente 20% da receita do LinkedIn vem de anúncios).[22]

O LinkedIn tem muito do bom gosto do Twitter, um feed cheio de conexões e descobertas, só que sem os robôs forçando a Tesla, sem ameaças de morte e estupro, e sem movimentos antivacina. O LinkedIn é a plataforma de mídia social que todos nós esperamos que o Facebook e o Twitter se tornem.

A BUSCA EM VERMELHO, AZUL E ALÉM

A busca também tem sido vermelha, mas a pesquisa azul está a caminho. O motor de busca do iOS proprietário da Apple é inevitável. Pode esperar a Apple comprar o DuckDuckGo ou criar seu próprio motor em breve. Além disso, Sridhar Ramaswamy, ex-chefe do ramo publicitário do Google, lançou recentemente o Neeva, um novo concorrente do Google, que usará um modelo de assinatura. No site da empresa, um dos primeiros links é para uma lista de direitos: "Sua informação pertence a você." Caso esteja disposto a pagar por isso, o Neeva reconhece que os custos do Google podem ter aberto espaço para um Google anti-Google.

Do mesmo modo, a empresa mais inovadora da última década se aproveitou do abuso da Amazon sobre seus clientes (varejistas terceirizados). A proposta de valor da Shopify é simples e poderosa: nós somos os seus parceiros. Você controla os dados, a marca e a tutela do cliente. A construção de marca é a ciência de construir uma clientela que pode ser monetizada. Muitas inovações se tratam de monetizar animosidades. Nesse caso, a Amazon abusou de seu poder a tal ponto que criou uma oportunidade do tamanho de Ottawa. A Shopify agora vale tanto quanto a Boeing e a Airbus juntas.

Você pode esperar essa ruptura surgir em cada vez mais setores. Players de baixo custo, de companhias aéreas até fast food, buscarão tirar vantagem dos dados de clientes e passarão a receita poupada para suas unidades de recurso de publicidade... Ops, eu quis dizer clientes. Players premium vão se enrolar na bandeira azul da privacidade e coletar uma bela margem pela cortesia de não explorar os dados de seus clientes.

[2]

OS QUATRO

De março até julho de 2020, vimos mais do que meio milhão de mortes em decorrência da Covid-19, incluindo mais de 150 mil mortes nos Estados Unidos. Um lockdown feito para conter o vírus não cumpriu seu papel, mas deixou, no mínimo, uma recessão em seu rastro, que provavelmente se tornará uma depressão. Dezenas de empresas de renome declararam falência. A taxa de desemprego triplicou, atingindo um recorde histórico em abril.

Ao longo do mesmo período de cinco meses, nove grandes empresas de tecnologia aumentaram o seu valor de mercado em US$1,9 *trilhão*. E não foram quaisquer cinco meses, mas o pior período de cinco meses que o mundo vivenciou em quase um século. Essas não eram empresas de medicamentos ou assistência médica, as quais esperamos que se beneficiem de um surto de uma doença global. Algumas dessas empresas, em especial a Amazon e a Netflix, conseguem certo incremento de receita devido ao lockdown, é claro, mas isso não deveria poupá-las dos fortes ventos contrários de uma economia em processo de desaceleração ou encolhimento. Da mesma forma, um aumento nas compras online beneficia o PayPal e a Shopify, mas, para comprar, as pessoas precisam de dinheiro, empregos e otimismo — todos escassos em uma pandemia. E em qual universo o encerramento de negócios e a restrição de viagens beneficia uma empresa que produz automóveis de tecnologia de ponta? E isso não é simplesmente obra da atividade de um banco central ou uma nova espécie de financeirização que separou o mercado de ações da realidade econômica.

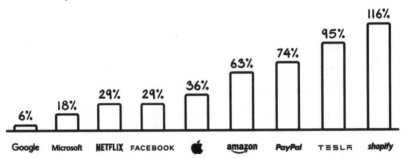

CRESCIMENTO NA CAPITALIZAÇÃO DE MERCADO
2 DE MARÇO – 31 DE JULHO DE 2020

FONTE: ANÁLISE DE DADOS DA SEEKING ALPHA.

Nós estamos testemunhando um subgrupo de empresas norte-americanas ascender à dominação. No Capítulo 1, escrevi sobre o escopo limitado da recuperação do mercado de ações e como essa recuperação se devia amplamente às grandes empresas. Mas isso é apenas parte da história. Mesmo dentro das grandes empresas, um grupo se mostra à frente dos demais. As big techs.

Os principais índices, exceto os líderes do setor de tecnologia, estavam *negativos* durante a primeira metade do ano de 2020.

Fora do setor da tecnologia, mesmo muitos dos leões do capitalismo norte-americano perderam suas garras: ações na ExxonMobil, Coca-Cola, JPMorgan Chase, Boeing, Disney e 3M tiveram uma queda de 30% na primeira metade do ano, gerando uma perda agregada de capitalização de mercado de quase meio trilhão de dólares.

Um setor superou todos os outros durante a pandemia: o de big tech. Os líderes de tecnologia, desde a Netflix até a Shopify, e a Tesla, que está relacionada com o setor, tiveram um desempenho excepcional. Os maiores desse grupo são aqueles que chamo de "Os Quatro" (Amazon, Apple, Facebook e Google), junto à Microsoft. Essas cinco empresas tiveram um aumento de 24% na primeira metade de 2020, com um *ganho* agregado de capitalização de mercado de mais de 1,1 trilhão de dólares. Em meados de agosto, o retorno acumulado no ano dessas empresas havia alcançado 47%, somando 2,3 trilhões de dólares. O peso combinado dessas empresas é algo sem precedentes.[1] **Essas cinco empresas representam 21% do valor de todas as empresas norte-americanas de capital aberto.**

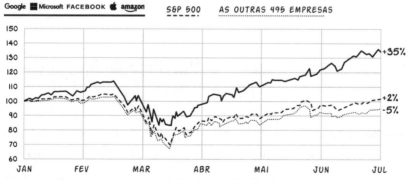

DESEMPENHO DE AÇÕES INDEXADAS DAS CINCO MAIORES EMPRESAS NA S&P 500 VS. S&P 500
JANEIRO – JULHO DE 2020

FONTE: FACTSET, GOLDMAN SACHS GLOBAL INVESTMENT RESEARCH.

Conclusão: o mundo é das big techs. Nós só vivemos nele.

A dominância das big techs não é uma surpresa. Eu escrevi um livro sobre isso em 2017 (*Os Quatro*) e não fui o primeiro nem o último a falar desse assunto. Frequentemente essas observações são seguidas de uma ressalva: o que sobe tem que descer. O crescimento rápido dessas empresas deve significar que existe algo de errado com os preços das ações e, quando a música acabar, elas cairão tão rápido quanto subiram.

Nada disso.

Assim como ocorreu com todo o resto, a pandemia pegou essa tendência — poucas empresas de tecnologia dominando cada vez mais nossas vidas e economia — e a acelerou em dez anos. Isso é devido, em grande parte, às dinâmicas que identifiquei no capítulo anterior; o mercado está recompensando os vencedores como nunca foi feito antes. Mas as big techs vencedoras estão sendo ainda mais recompensadas, pois suas vantagens são ainda maiores. Isso é mais verdadeiro no que diz respeito aos Quatro. O restante dessas empresas, lideradas pela Microsoft e pela Netflix, compartilham algumas das vantagens dos Quatro. Veja como elas transformaram uma crise mundial em uma oportunidade para ficarem maiores, mais fortes e mais dominantes.

O Poder da Grandeza / O Algoritmo do Monopólio / Featurization

Sou frequentemente indagado sobre quais ações eu possuo. O meu conselho de investimento é simples: eu só invisto em monopólios não regulamentados. Eles não deveriam existir, mas nossas leis antitruste foram escritas na era dos motores a vapor, e a aplicação delas tem sido inexistente. A big tech é a versão do século XXI de John D. Rockefeller e Andrew Carnegie, e no horizonte não há uma figura disposta a controlar os trustes como Teddy Roosevelt, no passado. Pelo menos não no nosso horizonte — Margrethe Vestager, você é minha heroína.

Como eles conseguiram isso? O algoritmo é o seguinte: inovar, ofuscar e explorar.

Os monopólios de tecnologia são fundados na inovação: a Amazon descobriu milhares de truques para vender produtos por preços baixos e entregá-los rapidamente. A Apple criou um smartphone que era tão superior aos outros que passou a década seguinte processando a concorrência por imitá-lo escancaradamente. O Google percebeu que o ponto-chave para a pesquisa era a alavancagem de links, e o Facebook fez da mídia social uma rede social. Todas essas empresas viram a luz e dispararam na frente de todas as outras.

Ao chegar ao campo aberto, porém, voltaram sua atenção a proteger a vantagem conquistada. Defender um mercado é muito mais fácil que criar um mercado novo. Como elas fazem isso? Ofuscação. Elas escondem sua posição de monopólio com leves vídeos promocionais borbulhando de buzzwords e exaltando seu genial e jovem fundador ao mesmo tempo que gastam milhões em operações lobistas da K Street e manipulações de relações públicas, fazendo do CNBC [Consumer News and Business Channel — Canal de Notícias sobre Consumidores e Negócios, em tradução livre] sua cadelinha e tratando o Departamento de Justiça como um irmão mais velho irritante. Tudo isso para ofuscar o fato de que há muito tempo essas empresas deixaram de ser arrivistas desorganizadas e agora estão sobre gêiseres de dinheiro gerados por seus negócios centrais, nos quais elas possuem pouquíssimos concorrentes à altura. Quando uma empresa dominava um setor, costumávamos chamar isso de monopólio e a polícia antitruste costumava aparecer para acabar com a festa. Os monopolizadores das big techs venceram o sistema.

Afastando as restrições normais sobre o poder no mercado, essas empresas gozam dos frutos ao explorarem suas posições privilegiadas. No cerne desses negócios está um *flywheel*, ou volante de inércia. Na física, o flywheel é um disco giratório que armazena a energia cinética no seu momento, e então roda, liberando aquela energia para um motor próximo. No contexto dos negócios, conforme o flywheel gira, aumenta a produção ou receita sem um aumento no custo. O flywheel supremo é o Amazon Prime. O serviço atrai os compradores que desejam uma ampla variedade de produtos com uma rápida entrega. Esses assinantes também aproveitam os benefícios do Amazon Prime Video, que aumenta a retenção do Prime e o tempo gasto na plataforma. Não é surpresa nenhuma que o Walmart tenha lançado um concorrente desse serviço, Walmart+. O único mistério é o motivo de terem demorado tanto.

Quando você possui um monopólio e um flywheel em rotação plena, os efeitos de rede, o capital barato, a idolatria de inovadores, um Departamento de Justiça e uma Federal Trade Commission [Comissão Federal de Comércio dos EUA, em tradução livre] irresponsáveis resultam em uma era de monopólio em que um negócio altamente lucrativo (celulares, marketing digital, programas de fidelidade, nuvem, bonecos do Yoda) pode gerar um valor tão impressionante ("antimatéria") que setores inteiros se tornam líderes de prejuízo ("recursos") para diferenciar e proteger a antimatéria. Netscape, a empresa de software com o crescimento mais rápido da história, foi de antimatéria a recurso quando a Microsoft começou a oferecer no mesmo pacote o Internet Explorer e o Office.

Os Quatro não são as únicas empresas que têm um flywheel. Em 2016, quando o Walmart adquiriu o site Jet.com por US$3,3 bilhões, eu disse que era um mau negócio. Ok, eu disse que era "um transplante capilar de US$3,5 bilhões de dólares em um Walmart com crise de meia-idade". Eu estava certo sobre a Jet como um negócio — o Walmart anunciou que encerraria as operações dela em maio de 2020. Mas eu estava errado sobre o Walmart tê-la adquirido. Essa transação aumentou drasticamente a porcentagem das vendas online da empresa. E o mercado valoriza as vendas online muito mais que as vendas físicas, pois é lá que está o crescimento, os dados e o futuro. Apenas comprando a Jet, Walmart subiu de 6% para 16% em vendas online. Mesmo que, de maneira isolada, a Jet.com não valesse US$3 bilhões, ela acabou valendo US$3 bilhões para o Walmart. E a sabedoria dos mercados foi confirmada. Na época da aquisição, o crescimento de e-commerce do Walmart estava desacelerando, mas, após o negócio e desde que a empresa pôs o fundador e CEO da Jet.com, Marc Lore, a cargo de toda sua operação de e-commerce, as vendas online subiram 176%.[2] E o preço das ações do Walmart quase duplicou.

AGORA TUDO É TECNOLOGIA

O poder da tecnologia e da featurization está mudando tudo. "Tecnologia" costumava ser um setor definido em sentido estrito, que consistia em empresas que criavam software e hardware de computador, produtos que empresas nos "outros" ramos compravam para seus negócios. Mesmo na era ponto com, nós reconhecemos disruptores, mas sempre pensamos neles como players dos "outros" setores. A Pets.com era uma pet shop, só que online. A Broadcast.com era uma rede de rádio, só que online. O E-Trade era um serviço de corretagem, só que online.

A Amazon era uma livraria, só que online.

Só que não, de jeito nenhum. A Amazon era, é e sempre será uma empresa de tecnologia. O que Jeff Bezos sempre soube é que, em breve, as empresas de tecnologia não seguiriam somente criando infraestrutura de tecnologia para outras empresas. Em vez disso, as empresas de tecnologia entrariam por si mesmas nesses negócios.

Nos anos 2000, começamos a testemunhar a visão de Bezos se tornar realidade. A Amazon expandiu de livros para mercadorias em geral, para filmes e programas de televisão, alimentos, eletrônicos de consumo e serviços de computação em nuvem. Da mesma forma, o Google distribui filmes, cria equipamentos para automação doméstica, smartphones e produtos de assistência médica. O smartphone da Apple foi tão bem-sucedido que a empresa tirou o "Computer" do seu nome, e agora está produzindo programas de televisão.

Do lado de fora, empresas como Airbnb, Uber, Compass e Lemonade se parecem com imobiliárias, serviços de transporte sob demanda, corretoras de imóveis e empresas de seguro. Mas, na verdade, são empresas de tecnologia, diferindo apenas de setor analógico no qual decidiram implantar sua tecnologia.

Como elas são capazes de fazer isso? Em parte, porque a melhor tecnologia — relacionamentos online, algoritmos e dados — é a forma mais eficiente de gerenciar qualquer negócio. Independentemente do seu produto, você pode produzir mais deles por menos e vendê-los com margens de lucro maiores caso seu negócio seja online e movido por dados desde a fundação. Mas as empresas que descobriram isso cedo e capitalizaram (os Quatro — Amazon, Apple, Facebook e Google) agora possuem uma vantagem igualmente poderosa: tamanho. Com o menor custo de capital, poder de monopólio e tamanho, elas estão pastoreando todos os outros negócios rumo à tecnologia.

OS QUATRO SE EXPANDEM PARA TODOS OS LUGARES

Seguem alguns exemplos. Primeiro, as entregas. A Amazon decidiu que quer dominar o serviço de entregas. Então, ela transformará o que costumava ser um setor (entrega) em uma feature, ou recurso (Prime). Jeff Bezos, alguns bilhões de dólares e uma equipe de engenheiros poderiam dificultar o trabalho da FedEx. Pelo menos seria uma luta justa. Mas Bezos não luta nem um pouco justo. Ele controla uma varejista online que alcança 82% das famílias norte-americanas, fornece um comércio online para todos, da Bucks4Books até a Gucci, e gera US$17 milhões em vendas por minuto.[3] E ele mirou esse poder de mercado na FedEx.

A Amazon se sai melhor no jogo da própria FedEx: a taxa de entregas pontuais é melhor, os seus preços (para a entrega de bens terceirizados vendidos na Amazon) são menores e a Amazon está investindo para aumentar sua liderança, passando a oferecer entregas no mesmo dia para uma variedade cada vez maior de produtos e mercados. Os acionistas da FedEx acordaram em um pesadelo digno de M. Night Shyamalan. Em vez de ver gente morta, os acionistas são assombrados por vans Mercedes-Benz Sprinter com uma seta no formato de um sorriso em suas laterais. Por toda parte. Essas vans poderiam muito bem ser tanques Panzer alemães enfrentando uma cavalaria em branco e roxo de caminhões da FedEx. Haverá muitos gritos de guerra másculos da FedEx, além de um pouco de heroísmo e um fedor de morte crescente. (Não posso evitar, amo metáforas sobre a Segunda Guerra Mundial.)

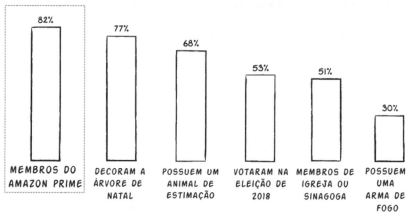

Outro exemplo: wearables.

A Apple está dominando os wearables, uma categoria que existe há centenas de anos, mas que nós não sabíamos o nome. Quão dominante? Desde sua concepção cinco anos atrás, a Apple agora é o maior player no negócio de relógios — quatro vezes maior que o concorrente logo abaixo dela.

A habilidade da Apple em aumentar os seus serviços e negócios de wearables mostra a sagacidade administrativa de Tim Cook — atualmente a empresa está obtendo quase metade de sua receita com outros produtos além do iPhone. O negócio de wearables da Apple (Apple Watch, AirPods e Beats) sozinho gerou mais de US$20 bilhões em receitas no ano de 2019, o que torna o negócio maior que o McDonald's.[4] Se o negócio se tornasse uma empresa derivada, o que ele deveria se tornar (caso tivéssemos um

Departamento de Justiça ou uma Federal Trade Commission), a empresa provavelmente seria uma das vinte empresas mais valiosas do mundo. Mas com toda a inteligência de Cook e a habilidade de Jony Ive no design de retângulos de vidro (isso que eu chamo de alavancar uma competência principal), se você acha que é dessa forma que a Apple venderá US$20 bilhões em relógios e headphones esse ano, não está prestando atenção. **É o flywheel.** Um Rolex é um belo relógio, mas eu não tenho um Rolex phone no meu bolso para que ele se conecte. A Bose faz headphones incríveis, mas eles não possuem quinhentos templos para a marca (lojas) onde os clientes testam o produto em meio ao grupo mais descolado do mundo. Parabéns, wearables, agora vocês fazem parte da tecnologia.

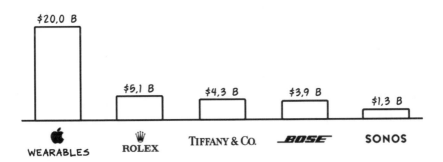

OS QUATRO CHEGAM A HOLLYWOOD

Mais um exemplo: mídia de streaming.

Jack Warner, cofundador da Warner Brothers, construiu nos anos 1930 uma mansão em estilo georgiano de aproximadamente 1.300m² em Hollywood. Este, com frequência, era o point das pessoas mais notáveis da era dourada de Hollywood, a propriedade arquetípica do magnata dos estúdios de cinema. Agora, esse imóvel pertence a Jeff Bezos.

O que a tecnologia fez no varejo está se desdobrando na mídia. Esse setor gigante, com centenas de bilhões de dólares em valor e uma influência cultural como nenhum outro no mundo, está passando pelo processo de *featurization* — tornando-se um recurso, um acessório para a venda de pilhas e papel higiênico. Sendo justo, esse setor meio que sempre fez esse tipo de coisa (por exemplo, os comerciais da Bud Light).

Vídeos de streaming adicionam um impulso ao flywheel. Filmes e entretenimento evocam emoções poderosas. A pontuação NPS (conexão emocional dos consumidores com uma empresa) vai de negativo a zero para empresas de e-commerce e internet, mas é forte com empresas SVOD (sigla em inglês para vídeos de streaming sob demanda). Amar *Fleabag* significa que você estará mais propenso a comprar sua próxima torradeira na Amazon, e não na Target, ou na Williams-Sonoma.

Grandes empresas de mídia de entretenimento (Comcast, AT&T, Verizon, Fox, Sony) cederão valor à Amazon e Apple — duas gigantes da tecnologia para as quais a mídia não é o negócio central, mas apenas parte do flywheel, um recurso. De maneira similar ao Walmart, a Disney é o único concorrente existente com os recursos, a liderança e a base de acionistas para contra-atacar os fornecedores de papel toalha e AirPods.

A transição no valor já começou. No período de treze meses entre janeiro de 2019 e fevereiro de 2020, Apple e Amazon *adicionaram* Disney, AT&T/Time Warner, Fox, Netflix, Comcast, Viacom, MGM, Discovery e Lionsgate às suas capitalizações de mercado. Leia essa última frase novamente.

MUDANÇA NA CAPITALIZAÇÃO DE MERCADO DA APPLE E AMAZON COMPARADA COM OUTRAS EMPRESAS
JANEIRO – 12 DE AGOSTO DE 2020 (VALORES EM DÓLARES)

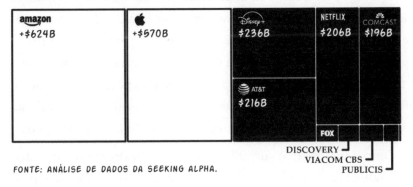

FONTE: ANÁLISE DE DADOS DA SEEKING ALPHA.

A Netflix está equilibrada na ponta da faca dessa divisão. Tão recente quanto o final de 2019, ela ainda era o cão líder da matilha do streaming, com o melhor conteúdo, a melhor tecnologia, uma boa vantagem em assinantes como pioneira do serviço e uma administração digna do hall da fama.[5] E ela ainda é um cachorro muito grande. A Netflix talvez seja a única empresa que conseguiu o mesmo que a Amazon, que convenceu os mercados a, basicamente, darem carta branca para aquisição de clientes e investimento em infraestrutura baseados na força de uma visão. E a empresa se beneficiou com a pandemia: as ações subiram 50% desde janeiro e o crescimento do número de assinantes subiu 110% na primeira metade de 2020, o dobro do crescimento para o mesmo período no ano passado.[6] Se a Netflix continuar a aumentar o seu orçamento de conteúdo na mesma taxa, em 2025 gastará mais com *Stranger Things*, *You*, *The Crown* e outros conteúdos originais do que os Estados Unidos gastam com food stamps [programa de assistência alimentar do país]. Quem disse que o capitalismo não está funcionando?

Mas você sabe quem não está nada impressionado com esses números? O cara que está tomando hormônios para crescimento na mansão de Jack Warner. Bezos possui seu próprio flywheel. Assim como Tim Cook. Reed Hastings pode ser igual a eles como CEO, mas não possui a mesma vantagem estratégica. A Netflix provavelmente precisa ganhar massa. A primeira jogada seria adquirir o Spotify, outro negócio em busca de assumir o trono com bons ativos e fraquezas potencialmente fatais. Juntos, eles pegariam a Sonos e ofereceriam música e vídeo, além de uma presença física em casa para afastar Alexa e Siri. Isso daria à Netflix ainda mais holofotes.

Outros players que surgiram no espaço do streaming de vídeo — Quibi e Peacock — chegaram tarde para a festa. A Peacock possui uma proposta complexa de valor (ofertas em camadas) e muitos dos programas da NBC estão disponíveis em outras plataformas. A Quibi... É triste ver duas brilhantes mentes dos negócios estragarem tudo dessa maneira. Como a revista *Wired* afirmou, rir da Quibi é mais divertido que assistir à Quibi.[7] Nenhuma das duas possui um sflywheel ou uma proposta de valor forte o suficiente para justificar outra assinatura mensal.

A mídia se tornou um veículo de aquisição de clientes em vez de um negócio por si só. Então as empresas com os melhores meios de acelerar o vício em mídias vencerão. Os Quatro já possuem um acesso intravenoso no seu braço, então por que não deixá-los injetar vídeos por ele? É importante mencionar que Jack Warner, dono original da mansão em Los Angeles que hoje pertence a Bezos, foi sujeito a uma medida antitruste do Departamento de Justiça dos Estados Unidos em 1948.

Uma forma de saber quando o setor de big tech ameaça seriamente players bem estabelecidos é quando estes se esquecem do que os tornava incríveis e começam a fazer coisas idiotas. Veja a HBO Max.

A televisão é a forma de arte que define nossa era. Os filmes se tornaram chatos e previsíveis. Quem quer outra sequência de filme de super-herói? O ápice da criatividade cinemática é a televisão, e a HBO tem sido o melhor da TV há décadas. *Família Soprano, A Escuta, A Sete Palmos, Sex and the City, Game of Thrones*... A HBO é a marca da genialidade criativa incomparável. Ela ganha um Emmy para cada US$75 milhões gastos em conteúdo, enquanto a Amazon gasta US$400 milhões. A série *The Morning Show*, da Apple, custa US$15 milhões por episódio[8] — mais do que a HBO gastou por episódio de *Game of Thrones*.[9] Qual série você preferiria assistir? É uma escolha difícil. E essa última frase é uma mentira.

O que o CEO da AT&T, John Stankey, faz com a aquisição da HBO por parte da AT&T/WarnerMedia? Ele entra no Museu de Orsay, essa grande joia de Paris, e diz: "Vamos escalonar isso." A HBO costumava ser a melhor marca de luxo em conteúdo, a bolsa

Birkin do streaming de vídeos. Agora é um caro apanhado de coisas que custa US$15 mensais. Esse é o dobro do custo da Disney+ e três vezes mais o custo da Apple TV+. Ninguém quer pagar US$15 por um pacote com a série *The Big Bang Theory*. E para garantir que o lançamento fosse uma completa bagunça, a HBO Max não está disponível no Roku e no Amazon Fire TV, porque seus líderes não conseguiram acordos de distribuição para o dispositivo mais popular de streaming (Roku) que, junto do Amazon Fire TV, é responsável por 70% da visualização de streaming de vídeo.[10]

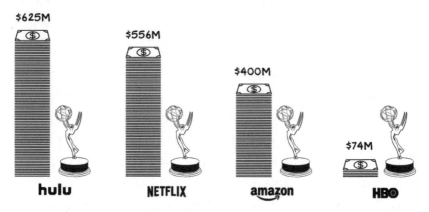

GASTO EM CONTEÚDO POR EMMY
2019 (VALORES EM MILHÕES DE DÓLARES)

FONTE: ANÁLISE DE DADOS DA OBSERVER.

Quem vê a oportunidade nos erros graves da HBO? A Apple. A empresa da cidade de Cupertino está investindo US$6 bilhões em conteúdo original e vertical da Apple TV+, conquistando a posição de luxo da HBO. **O luxo vem da habilidade e da escassez.** A Apple TV+ não se trata do que está na Apple TV+, mas do que *não está*, ou seja, especificamente, qualquer coisa não produzida pela Apple. Claro, *The Morning Show* não é nenhuma *Sex and the City*, mas *Arliss*, da HBO, também não. A HBO gastou anos melhorando seu conteúdo original antes de *Sex and the City* (1998) e *Família Soprano* (1999) a tornarem a campeã da televisão. Quando você se perguntar para onde foram os US$6 bilhões da Apple gastos com conteúdo, lembre-se de que o primeiro iPhone nem sequer possuía apps.

Maiores Tecnologias, Maiores Problemas

A pandemia de Covid-19 é uma arma eficaz de distração em massa em relação ao mau comportamento das big techs. Nenhuma notícia sobrevive doze horas enquanto uma pandemia, junto de uma exibição nacional de incompetência, torna todo o resto menos importante.

Todavia, prestando atenção ou não, um crescimento não monitorado e uma dominância do mercado levaram a uma boa quantidade de problemas. Inevitavelmente, empresas sem uma concorrência séria se tornaram menos inovadoras e conquistam mais lucros e participação com sua exploração de posições do que com a criação de um valor real. E, para proteger essa posição, cometem infanticídio nas outras inovadoras. No auge de seu poder, durante as décadas de 1980 e 1990, a Microsoft era conhecida por suprimir inovação externa. A primeira linha de defesa da empresa era "MID": espalhar medo, incerteza e dúvida [em inglês, *fear, uncertainty and doubt — FUD*] sobre os produtos da concorrência, como ao sugerir que eles não foram amplamente testados com produtos Microsoft, ou que o concorrente não era bem capitalizado, ou qualquer coisa que um representante de vendas pensasse em falar. A Microsoft também gostava da prática "vaporware" — anunciar um produto ou recurso para competir com um concorrente, mesmo que tal produto nunca fosse lançado. Em pelo menos um caso famoso, a Microsoft criou mensagens de erro falsas que apareciam quando um usuário instalava um software do concorrente.[11]

Para as big techs de hoje em dia as apostas são maiores, porque o poder e o potencial delas para exploração mergulham mais fundo em nossas vidas e em nossas sociedades. Nos anos 1990, Bill Gates poderia impedir um programa de planilhas rival de ganhar força. Hoje em dia, Mark Zuckerberg pode afetar o resultado de uma eleição presidencial. O Facebook não está apenas pilhando os orçamentos de tecnologia das corporações norte-americanas, como fez a Microsoft, mas nossas vidas pessoais, nosso bem-estar emocional e a saúde de nossa democracia.

Conforme essas empresas alcançam uma escala maior que a Microsoft dos anos 1990, o tamanho e a integração delas em nossas vidas se tornam um risco. No começo do lockdown da pandemia, quando as prateleiras das mercearias começaram a ficar vazias e as entregas da Amazon subiram muito, percebemos que tínhamos um novo grupo de empresas, grande demais para fracassar. Quando as empresas se tornam "grandes demais para fracassar", percebem que assumir grandes riscos é a estratégia correta, uma vez que as vantagens são privatizadas e as desvantagens, socializadas — elas são resgatadas. Essa assimetria de risco fez bancos implantarem alavancagens que quase derrubaram toda a economia. Então, a estratégia movida por acionistas das big techs é demonstrar uma negligência descuidada sobre as eleições, depressão na adolescência, crianças com sarampo, radicalização de homens jovens e destruição de empregos, uma vez que isso parece ter poucas desvantagens.

O papel das big techs em semear a divergência e a radicalização tem sido tão bem documentado que chegou a ser normalizado. Exemplos mais recentes e notórios delas colocando os lucros acima das pessoas emergem com regularidade. Dias antes, literalmente, de finalizar o trabalho neste livro, o BuzzFeed relatou que o Facebook recebera 455 denúncias sobre um grupo paramilitar conclamando pessoas a "pegarem em armas" em Kenosha, Wisconsin, em resposta aos protestos sobre um tiroteio policial. E mesmo apesar desse aviso abundante — as denúncias compuseram 66% de todas as do tipo que o Facebook recebeu naquele dia — e quatro reviews de moderadores diferentes, a empresa permitiu que essa clara incitação à violência permanecesse no site.[12] Então, quando dois manifestantes foram baleados e assassinados em Kenosha, supostamente por um membro armado desse grupo, memes e publicações comemorando a atitude do atirador se espalharam pelo Facebook. Uma arrecadação de fundos para o atirador foi compartilhada mais de 17 mil vezes.[13] Isso ocorreu uma semana após a divulgação de um relatório declarando que o Facebook "promove de maneira ativa" conteúdos negacionistas do Holocausto,[14] além de a rede social admitir que permitiu o surgimento de milhares de páginas e grupos apoiando o QAnon, apesar das relações com "incidentes violentos e criminosos, incluindo o sequestro de um trem, de pessoas, uma perseguição policial e um homicídio", conforme resumido pela NBC News.[15]

Parece que as big techs raramente, se é que o fazem, pensam nas implicações do design de seus produtos e de suas decisões de política de uso. Ou pensam e, mesmo assim, sacrificam de maneira consciente o bem comum por um lucro privado. É um código institucional de não reconhecer as consequências externas de escala que levou à Cambridge Analytica e os conteúdos do YouTube que radicalizam os homens jovens. Qualquer um que pergunte "nós consideramos essas ocorrências?" ou, de maneira mais direta, atrapalhe a resposta para a profunda questão "como passaríamos de 10 milhões para 200 milhões de usuários ativos diariamente?" é enviado para a Ilha das Carreiras Desajustadas. A tentação de valer mais que a indústria automobilística norte-americana, de ser o novo Steve Jobs, o rapaz ou a moça convidado(a) a discursar na Stanford Business School e se aquecer no calor da idolatria da nação a riquezas e inovadores é difícil de resistir.

ENFRENTANDO OS QUATRO

Retardar esse crescimento é difícil — existe pouco que indivíduos ou até mesmo empresas podem fazer quando as outras se tornam tão poderosas. Esse é o papel do governo. Mas o setor de big tech possui a opinião pública a seu favor, centenas de lobistas, e eles agem mais rápido do que os reguladores podem acompanhar. **Leis escritas sob luz a carvão não funcionam contra monopólios digitalizados.** Princípios antitruste tradicionais focam o prejuízo ao consumidor sob o prisma dos preços. Os preços baixos são bons, os altos são ruins. Essa não é uma estrutura adequada para empresas que não cobram os consumidores, como o Google ou o Facebook, ou que abaixam os preços de forma implacável, como a Amazon (e Apple com a Apple TV+), mas isso, todavia, limita a concorrência e prejudica os consumidores de outras formas além dos preços altos. A estrutura antitruste comum atual também não leva em consideração a capacidade dessas empresas de consolidar mercados e retirar a concorrência do mercado por meio de seu acesso único a bilhões de dólares em um capital de baixo custo.

Da mesma forma, nossas tradições de regulamentação de conteúdo foram desenvolvidas na época da mídia impressa e televisiva. A proteção da liberdade de expressão da Primeira Emenda da Constituição é um pilar da democracia norte-americana, mas nunca foi absoluta. Calúnias, incitação à violência, quebras de confidencialidade e sigilo governamental sempre foram limitados, e a expressão comercial sempre foi restringida. Mas a maneira como traçamos esse limite foi desenvolvida quando os livros precisavam ser impressos e vendidos um de cada vez, e quando a mídia eletrônica era transmitida por ondas. Agora, qualquer pessoa pode alcançar uma audiência de milhões, e agentes sofisticados podem oferecer milhões de mensagens personalizadas individualmente para os seus grupos, enviesados de maneira específica para serem altamente suscetíveis à persuasão direcionada. Como tem sido dito reiteradamente, **liberdade de expressão não é liberdade de alcance.** Algoritmos altamente sofisticados de audiência personalizada podem causar um grande estrago no processo democrático quando anúncios falsos ou enganadores podem ser enviados apenas para leitores suscetíveis específicos, em vez de uma audiência ampla capaz de avaliá-los e criticá-los de forma pública. Mais recentemente, temos os deepfakes (vídeos realistas, mas falsos, que podem fazer parecer que alguém fez ou disse algo) e outras ferramentas de fake news que destruirão ainda mais o tecido da sociedade.

O público e a mídia estão dando sinais de que estão despertando para essas ameaças, embora a estrada pela frente seja íngreme e estreita. O subcomitê antitruste da Câmara dos Representantes dos Estados Unidos chegou às manchetes neste verão quando chamou os CEOs dos Quatro para depor em uma de várias audiências públicas. O que muitos, inclusive eu, pensaram ser um gesto vazio, revelou que o subcomitê tem feito seu dever de casa, e uma clara maioria dos seus membros está falando sério sobre domar as big techs.

Em suas considerações iniciais, o presidente do subcomitê, congressista David Cicilline, estabeleceu um panorama para o antitruste digital, focando os dados e o alcance das big techs. O subcomitê não buscava mais informações, mas sinalizar e testar a legislação e a medida antitruste que possivelmente catalisará.

Liderando a investida estava a congressista Pramila Jayapal. Munida com os documentos internos das empresas, o depoimento da investigação do subcomitê e o fervor dos justos, Jayapal não teve piedade. Políticos às vezes são superados nessas audiências, mas a congressista Jayapal demonstrou que tinha talento e muito mais para estar no assento oposto, depondo diante do Congresso sobre as práticas anticompetitivas de sua própria empresa — mas, em vez disso, escolheu servir seu país. Sua primeira pergunta foi para seu próprio eleitor, Jeff Bezos, que foi forçado por ela a uma séria concessão sobre o provável uso indevido de dados de seus vendedores terceirizados por parte da Amazon. Após lidar com o homem mais rico do mundo, ela virou sua rajada para o número três, e ensanguentou Mark Zuckerberg com uma barragem de perguntas, em grande parte com base nos próprios e-mails de Zuckerberg revelando a cópia descarada dos produtos concorrentes por parte do Facebook.

Foi amplamente divulgado que a Federal Trade Commission provavelmente tomará uma medida antitruste contra o Google, e, se o Congresso conseguir reunir a força de vontade para aprovar mais regulamentações antitruste, outras do tipo poderão ser tomadas contra mais players do setor de big tech no futuro.

Devemos parar de pensar na cisão das big techs como uma *punição* por fazer algo errado, ou que isso significa que os líderes do setor de tecnologia são más pessoas. Diretores fazem tudo o que podem para aumentar o valor para os acionistas, esse é o trabalho deles. E, quando você cresce o suficiente, sufocar a concorrência e explorar o próprio poder são ótimos meios de garantir ganhos de curto prazo para seus acionistas, então é isso que os diretores fazem. Nós dividimos as empresas para restaurar a concorrência dos mercados, esse é o grande truque para uma economia crescente e que exige um melhor comportamento. Como consequência, existem mais opções para outros players, que deverão... se comportar melhor.

A regulamentação antitruste é apenas mais uma ferramenta na caixa do governo para lidar com o perigoso poder das big techs. Como essa ferramenta alimenta a concorrência, tem o potencial de ser a mais completa. No entanto, outros regimes regulatórios podem ser necessários para controlar o abuso por parte das big techs sobre nossos dados privados e sua implacável promoção de desinformação e divisão. Isso é mais difícil do que parece, porque esquemas regulatórios podem ter consequências indesejadas. Estritas leis trabalhistas e sobre poluição podem levar a produção até países estrangeiros que têm controle ambiental e trabalhista mínimo. Décadas de sucesso no combate aos incêndios levam a um acúmulo de combustível que pode desencadear incêndios ainda maiores. Uma das áreas de maior risco é que regimes regulatórios criados para restringir as grandes empresas podem acabar beneficiando-as, porque elas são as únicas detendo recursos para desenvolver equipes e sistemas internos de compliance.

O regime regulatório atual dos EUA sobre conteúdos tecnológicos (como publicações do Facebook e Twitter e os resultados de pesquisa do Google) é amplamente regido pelo que é conhecido como Seção 230. A Seção 230 protege plataformas online da responsabilidade pelos conteúdos publicados pelos usuários na plataforma, o que é essencial para o crescimento da internet como uma mídia de comunicação. Mas essa proteção também se estende para conteúdos perigosos. Recentemente, foram criadas muitas petições para uma revisão da Seção 230, mas ainda não surgiu uma visão unificada sobre o melhor caminho para lidar com ela.

Uma atitude recente do Congresso dos EUA para aparar as proteções da Seção 230 ilustra os riscos da mudança regulatória deselegante. O Congresso estava preocupado sobre o boom dos anúncios de serviços adultos em sites como o Craigslist e o Backpage.com, porque muitos desses anúncios estavam, na verdade, vendendo vítimas do tráfico sexual. Então, em 2018, foi aprovado o pacote de leis conhecido como FOSTA-SESTA [siglas em inglês para "Fight Online Sex Trafficking Act" e "Stop Enabling Sex Traffickers Act" — "Ato de Combate ao Tráfico Sexual Online" e "Ato de Bloqueio a Traficantes Sexuais", em tradução livre]. Ele limitou as proteções da Seção 230 quando o conteúdo em questão vem de traficantes sexuais. Mesmo quando os projetos estavam sendo debatidos, houve oponentes barulhentos, muitos vindos da comunidade de tecnologia, que alertaram que isso simplesmente levaria o tráfico sexual de volta para os locais mais desconhecidos da internet, dificultando seu combate e ao mesmo tempo suprimindo interações online e comerciais valiosas e legítimas. Empresas líderes do setor de tecnologia inicialmente se opuseram, mas, após o rascunho legislativo ser adaptado para o que queriam, o Facebook endossou fortemente o pacote, e ele foi aprovado.

Essas leis fracassaram parcialmente. Como previsto, ativistas a favor do trabalho sexual relatam que foram forçados a voltar para as ruas e para as sombras, tornando o trabalho sexual mais perigoso e instável. E existem poucas evidências indicando que a mudança tenha reduzido o tráfico sexual. Os policiais federais encerraram o serviço do Backpage.com *antes* de o FOSTA-SESTA sequer ser aprovado, usando leis já existentes e perfeitamente funcionais contra — isso mesmo — o tráfico sexual. A falha mais clara tem sido o efeito da lei na concorrência. Ela fez com que uma série de sites menores de relacionamentos fechassem por receio de serem responsáveis por condutas ilícitas. Contudo, pouco após a aprovação da lei, o

Facebook (cujo apoio foi essencial para a sanção da lei) lançou sua própria plataforma de relacionamento.

A Maldição dos Grandes Números

Toda empresa big tech deve, de forma implícita ou não, garantir aos investidores que existe uma chance razoável de suas ações dobrarem de preço nos próximos cinco anos. Caso contrário, os investidores comprarão a Zoom, a Lemonade ou outra empresa "disruptiva". Conforme a capitalização de mercado aumenta, o apetite das big techs se torna cada vez mais difícil de saciar, tal qual Brad Pitt sendo forçado a se alimentar de humanos quando ratos não mais o satisfaziam. Lembra-se desse filme? Ele estava pálido e com um péssimo corte de cabelo...

E mesmo assim. Continuava. Um. Lindo.

O Google e o Facebook poderiam conquistar as receitas restantes do setor de rádio e gráfico, e ainda acordariam sedentos por mais receita em 24–36 meses, com base nas expectativas dos investidores. Os Quatro precisam adicionar quase 1 trilhão de dólares à sua receita ao longo dos próximos cinco anos. Isso requer embarcar em novos mercados — e enfrentar uns aos outros. Você não pode alimentar uma cidade com carne de coelho. Você precisa caçar animais de grande porte. Onde eles encontrarão essas presas?

Amazon

As principais competências da Amazon são a visão e a construção de narrativas. Bezos teve a visão de vender de tudo pela internet quando isso era impensável. Bezos e sua equipe, em um feito ainda maior, conquistaram algo sem precedentes — convenceram seus investidores a não esperar por lucros de curto ou médio prazo. Enquanto os lucros da maioria das empresas são reavaliados a cada três meses em uma conferência de ganhos trimestral, Bezos conteve os mecanismos pavlovianos de seus investidores, substituindo os lucros com visão e crescimento. A chave para essa decisão foi o CFO Joy Covey, que reconheceu que a melhor forma de prever o futuro é criá-lo. E a melhor forma de criar o futuro é ganhar acesso a um capital barato para dar impulso ao futuro com investimentos extraordinários que os outros não farão, resultando em fossos, o que confere acesso a um capital ainda mais barato… E assim por diante.

Enquanto a maioria das empresas busca uma vantagem competitiva a partir do menor custo, a Amazon busca uma vantagem sustentável que requer um investimento massivo.

O beneficiário óbvio do lockdown (o fechamento das varejistas e o temor de sair de casa) é — surpresa! — a empresa que tem como negócio levar o varejo até sua casa. E embora receba muito menos atenção da mídia em geral, a Amazon também se beneficia muito com as pessoas passando mais tempo online, graças à Amazon Web Services, sua divisão de US$40 bilhões. De fato, o programa de auxílio de US$1.200 oferecido pelo governo federal dos EUA deveria se chamar Lei de Incentivo ao Acionista da Amazon (LIAA, ou ASSa, de acordo com a sigla em inglês). Nem nos seus sonhos mais loucos os acionistas da Amazon poderiam criar este cenário: o governo fecha a concorrência, restringe todos às suas casas e então envia aos consumidores trilhões de dólares em dinheiro. Como não sair dessa com impulso suficiente para que seus concorrentes nunca o alcancem? Os investidores se perguntarão: "Por que eu simplesmente não compro ações da Amazon?"

A pandemia resumida do ponto de vista dos negócios:

- Ficar preso em casa
- Netflix
- Odiar minha esposa
- Começar a odiar meus filhos
- Jeff Bezos paga o próprio divórcio em trinta dias

O Sr. Bezos aumentou sua fortuna em aproximadamente US$35 bilhões em trinta dias. Em 2018, a imprensa especializada em tecnologia e negócios estava agitada sobre qual seria a primeira empresa trilionária, Apple ou Amazon. A Apple ganhou essa corrida por muito pouco, e alcançou US$2 trilhões em agosto de 2020, mas não deve restar dúvidas sobre qual será a primeira empresa a alcançar US$3 trilhões. Todo mundo vai parar o que está fazendo; investidores, o governo, consumidores, e apostarão tudo na Amazon — a primeira empresa de US$3 trilhões ao final de 2023.

Entre o Prime, a AWS e o Marketplace, a Amazon possui o maior flywheel na história dos negócios. O que fará com ele?

Uma das jogadas de gângster do arsenal da Amazon é transformar linhas de despesa em linhas de receita. É um dos melhores truques do Bezos e, assim como muitas outras coisas que eles fazem, somente é possível por uma combinação de escala e um capital de baixíssimo custo. É assim que funciona: primeiro, uma empresa deve ficar muito boa em suas funções de negócio essenciais, mas não centrais. A Amazon é uma loja online, então ela precisa de um bom back end na internet, o que exige um data center de qualidade superior. Eles são essenciais para o negócio da Amazon, mas fazê-los funcionar não é o negócio central da empresa. A forma como a maioria das empresas fica boa nesse tipo de coisa é pagando para que outro a faça. É o que os gurus empresariais ensinaram por décadas: foque sua "competência central" e terceirize todo o resto. A Amazon vira isso de cabeça para baixo. Ela não paga a outro para cuidar do data center, mas tira vantagem do volume de seu enorme data center e de sua habilidade em investir um capital essencialmente ilimitado para construir a melhor competência de administração de data centers do planeta. Esse é o primeiro passo.

O segundo passo é a Amazon começar a vender essa competência para outras empresas na forma de serviço. Assim nasce a AWS, maior fornecedora de serviços em nuvem por uma grande margem. Como empresas cujas raízes estão em tecnologia e software, e não no varejo, Microsoft e Google deveriam dominar esse mercado, e a

AWS faz mais negócios que as duas empresas juntas. A Amazon fez a mesma coisa com os armazéns e a distribuição, primeiro conquistando a habilidade de entregar milhões de produtos em 48 horas, em seguida oferecendo o serviço para outras varejistas por meio do Amazon Marketplace. Agora, mais de 20% da receita da Amazon vem do Marketplace. Os pagamentos costumavam ser 2% dos custos da empresa, então ela transformou isso em uma despesa de P&D e criou a Amazon Payments.

AMAZON TRANSFORMA CENTROS DE CUSTO EM FOMENTADORES DE RECEITA

CENTROS DE CUSTO DE 2005	EM MILHÕES DE DÓLARES	FOMENTADORES DE RECEITA DE 2020
VENDAS LÍQUIDAS	$ 8.490	
CUSTO DO PRODUTO	6.212 →	amazonbasics amazon publishing amazonstudios
CUSTO DE DISTRIBUIÇÃO	239	
LUCRO BRUTO	$ 2.039	
GASTOS OPERACIONAIS		
DISTRIBUIÇÃO	$ 522 →	amazon fulfillment
TECNOLOGIA & CONTEÚDO	406 →	aws
MARKETING	192 →	amazon marketplace amazonadvertising
PROCESSAMENTO DE PAGAMENTO	207 →	amazon pay
GERAL & ADMINISTRATIVO	146 →	amazonbusiness
RENDA DAS OPERAÇÕES	$ 566	

FONTE: SOCIAL CAPITAL.

A Amazon gerou US$89 bilhões em receita no segundo trimestre de 2020, mais do que o orçamento anual do Departamento da Educação dos Estados Unidos (US$68 bilhões), ou o suficiente para erradicar a malária do mundo. Então como nós sabemos para onde a Amazon irá a seguir? Simples. Quais são suas maiores despesas?

A visão para enxergar gastos como investimento em novos negócios se traduz como "3 trilhões".

Em julho de 2017, nós previmos:[16] "Se amanhã Bezos falar 'nós vemos a entrega de um dia para o outro como uma grande oportunidade', os US$150 bilhões de capitalização de mercado da DHL, da FedEx e da UPS começarão a vazar para a Amazon." Isso aconteceu. Desde o lançamento do serviço de entrega da Amazon, em fevereiro de 2018, a FedEx perdeu US$25 bilhões (39%) do seu valor, apesar do ganho de 24% no índice S&P. A Amazon ganhou mais US$240 bilhões (33%). Em menos de dois anos, capturou quase um quinto do mercado para entregas de e-commerce nos Estados Unidos.

Desde 2014, o e-commerce dos Estados Unidos cresceu 84%, criando uma enorme oportunidade para o setor de entregas. Mas, em vez disso, houve uma transferência de riqueza da FedEx, da UPS e do governo norte-americano para a Amazon. A empresa entra em negócios de baixas margens e alta fricção como um meio de diferenciar negócios de alta margem e baixa fricção (Amazon Web Services e Amazon Media Group).

A Amazon tomou para si a oportunidade na pandemia. No início de sua conferência de ganhos de maio de 2020, Jeff Bezos avisou aos acionistas que "era melhor se sentar". Ele já fez isso várias vezes. O "isso" a que me refiro é arrancar os lucros das mandíbulas dos acionistas para reinvestir na empresa. Com exceção da Netflix, nenhuma outra empresa já recebeu esse tipo de espaço para manobras. Bezos usou cada metro dessa pista para fazer voar uma nave que provavelmente ninguém conseguirá pegar. Imagine um hidroavião gigante como o Spruce Goose, só que com uma velocidade duas vezes maior que a do som.

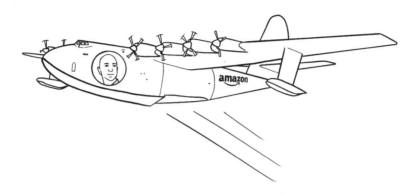

Bezos disse aos investidores que o lucro de US$4 bilhões que eles estavam esperando seria reinvestido. O investimento possuía um tema: Covid-19. Mais especificamente, Bezos delineou uma visão para testes de Covid em casa, doadores de plasma, equipamentos de proteção individual, distanciamento, compensações adicionais e protocolos para se adaptar a um novo mundo.[17] A Amazon está desenvolvendo a primeira cadeia de suprimentos "vacinada" da Terra.

Uma grande estratégia abre uma intersecção entre condições do mercado e ativos da empresa. De maneira mais simples, a estratégia é a resposta da empresa para a seguinte questão:

QUAL É A COISA VERDADEIRAMENTE DIFÍCIL QUE PODEMOS FAZER?

Eu acredito que a Amazon oferecerá uma testagem aos membros Prime em uma escala e eficiência que fará os Estados Unidos se parecerem com a Coreia do Sul (competentes). A cadeia de suprimentos "vacinada", tão testada e segura quanto possível, criará um organismo de distribuição mais robusto e imune, oferecendo aos stakeholders um enorme valor — real e notável.

Liderança é a habilidade de convencer as pessoas a trabalharem juntas em busca de um objetivo em comum. A decisão de Bezos de gastar bilhões de dólares para garantir a segurança de sua cadeia de suprimento deriva de uma visão que é óbvia, mas somente depois de ser louca/genial.

O maior lucro para a Amazon está na assistência médica. A pandemia também acelerou a inevitável movimentação da empresa para esse espaço. Uma das habilidades centrais da Amazon é o fato de ela possuir uma enorme coleção de dados e usá-los para selecionar partes lucrativas de um negócio, removendo os elementos menos atrativos. Existem poucas áreas para as quais a Amazon pode levar assistência médica. A primeira delas é provavelmente o plano de saúde. Como vimos com a espetacular IPO da Lemonade em julho de 2020, existe uma oportunidade de disrupção na área dos planos de saúde. Os consumidores, em sua grande maioria, não gostam nem confiam nas empresas, e com razão. É um setor inchado, protegido por esquemas regulatórios estatais ineficientes e relacionamentos arraigados. Essa é uma presa gorda e fácil para o maior predador do mundo dos negócios.

A Amazon sabe muita coisa sobre seus melhores clientes: o que eles comem, se compram equipamento de exercício ou videogames, se têm filhos e se estão em um relacionamento. Entre a Amazon e as compras da Whole Foods, o Amazon card e todos os vendedores "pague com Amazon", a empresa possui muito mais dados individualizados do que qualquer atuário de seguro. E com cada vez mais gente trabalhando na gig economy ou como freelancers de longo prazo, mais e mais pessoas serão responsáveis por seus próprios planos de saúde. Se você for uma dessas pessoas, não fique surpreso ao ouvir sua Alexa perguntar "está interessado em economizar 25% no seu plano de saúde?". CFOs podem esperar por uma ligação de um dos tenentes de Bezos com o mesmo acordo para toda sua base de empregados.

Mas isso é só o começo. A Amazon está bem posicionada para lidar com o custo financeiro da assistência médica, e ainda mais bem posicionada para reduzir os custos não financeiros — tempo, esforço e ansiedade. O seu filho tem uma erupção cutânea e você pede para Alexa conectá-lo com um dermatologista, que pede para você segurar o braço dele na direção da câmera inteligente. O dermatologista provavelmente não é um funcionário da Amazon, porque essa parte do negócio não é escalonável. Em vez disso, ela paga uma porcentagem de suas receitas para o "Prime Health", nome que acredito que a Amazon deve usar para a plataforma de assistência médica mais robusta e líquida do planeta.

Uma profusão de especialistas e avaliações por trás do segundo motor de busca mais usado do mundo ajudaria os membros do Prime Health a conseguir o médico certo, na hora certa, por um baixo custo. A plataforma seria completamente integrada à de varejo, resultando em uma abordagem mais "holística" da assistência médica. Você não precisa fazer nada além de logar, e a dermatologista do Prime possui acesso instantâneo à ficha médica do seu filho, uma vez que a empresa de Seattle investiu o capital necessário para tornar os seus sistemas compatíveis com a HIPAA. O Prime Health também teria uma varredura 3D do seu corpo e leituras atuais de seus sinais vitais por meio do Halo, o wearable fitness da Amazon anunciado em agosto de 2020.[18] Uma receita é enviada para a farmácia da Amazon, PillPack, que entrega o creme esteroide por meio da Amazon Fulfillment, que (em grandes regiões metropolitanas) faz o remédio chegar dentro de uma hora. Se a médica quiser um exame de sangue, um kit de teste também estará incluído no pacote, ou um recipiente para urina, um swab de coleta de DNA (mas por que não fazer disso parte da apresentação do Prime Health?), ou uma centena de outras ferramentas de diagnóstico que a Amazon investiu bilhões para desenvolver. A fonte desse poder de fogo (capital barato) chegará no dia em que eles anunciarem um serviço de assistência médica e a ação aumentar mais de US$100 bilhões no mesmo dia de negociação.

Nada disso é novo, pelo menos nas mentes dos futuristas e dos escritores de ficção científica. Mas as barreiras do custo de capital, regulamentação e interesses pessoais arraigados têm sido obstáculos imóveis. A pandemia afastou esses obstáculos em questão de semanas. Na primavera de 2020, médicos em todo o país estavam vendo seus pacientes em sessões online e sendo reembolsados pelo Medicare e por planos de saúde privados — algo que exigiria onerosos requisitos especiais de licenciamento apenas algumas semanas antes. Os médicos viram em primeira mão os benefícios para seus pacientes: menos consultas canceladas e maior eficiência. E, é claro, nenhum investimento de capital está fora do alcance das big techs.

Apple

Ao alcançar um paradoxo comercial — um produto de baixo custo que é vendido por um preço premium —, a Apple se tornou a empresa mais lucrativa da história em 2014. Partindo do setor de tecnologia (baixas margens, nenhum sex appeal) ao setor de luxo (os volumes da Toyota com as margens irracionais da Ferrari), a Apple possui o produto mais lucrativo já feito, o iPhone, e o vende por meio do maior negócio de varejo por metro quadrado de todos os tempos, a Apple Store.

Ainda assim, apenas alguns anos antes, uma pandemia teria colocado o status da Apple como um dos membros dos Quatro em sério risco. A empresa sempre foi única nesse grupo, pois produz e vende objetos físicos por lucro. Uma desaceleração na empregabilidade e preocupações sobre perspectivas econômicas gera um maior escrutínio sobre cada compra feita. No entanto, empresas que pedem ao consumidor para tomar uma decisão por ano, ou até você decidir cancelar ou sair de algum plano, são muito mais resilientes, porque geralmente oferecem um pacote, aumentando os custos de saída em menos decisões. Além disso, a habilidade de pedir ao consumidor para entrar em um relacionamento monogâmico (uma assinatura) requer uma escolha que é mais um teste de QI do que uma decisão. A receita recorrente dos pacotes atrativos os força a serem incríveis propostas de valor da produção. Pacotes de receita recorrente são caros, difíceis e resistentes.

Enquanto a Apple ia contra a lei dos grandes números, investia de maneira pesada em ofertas de receitas recorrentes — iCloud, Apple Music, Apple TV+, Arcade etc. No último trimestre de 2019, a receita de serviços da Apple teve um aumento de 25% sobre o ano, alcançando 23% da receita. Como resultado disso, a Apple foi relançada como uma empresa de software e, apesar do acréscimo negligenciável de ganhos, aumentou sua avaliação e seu índice de preço/lucro em apenas doze meses. O negócio de serviços da Apple assumiria a posição 258 da Fortune 500, superando a Bed Bath & Beyond.[19] E, quanto ao hardware, a empresa está mudando as vendas únicas de seu produto principal, o iPhone, para um serviço mensal sob o nome de iPhone Upgrade Program. Tim Cook disse que acreditava que esse modelo iria "crescer desproporcionalmente".[20]

Nós provavelmente estamos entrando na mãe de todas as desacelerações globais atrasadas. Cada equipe executiva precisa explorar os limites de suas zonas de conforto e imaginar um negócio com 20% a menos de receita que gerencie o dobro do valor. Existe apenas um caminho para um aumento drástico no valor do stakeholder diante das rendas estagnadas ou em queda: o *rundle* — termo que criei para *recurring revenue bundle*, ou pacote de receita recorrente.

Essa era uma jogada estratégica antes da pandemia — agora é uma jogada de gângster. Essa receita está substancialmente imune às disrupções pandêmicas de curto prazo e pode cobrir pela queda nos negócios de hardware centrais.

A outra grande jogada defensiva que Cook e companhia têm feito nos últimos anos é como a Apple tem se desarticulado de maneira bem-sucedida do resto das big techs. Em grande parte, isso se deve ao seu modelo de negócios, que é o azul/iOS. E Cook aumentou essa divisão em 2018 com uma das entrevistas de CEO mais devastadoras da história. Quando minha coapresentadora do programa *Pivot*, Kara Swisher, perguntou-lhe, no ápice dos escândalos em série de privacidade por parte do Facebook, "O que você faria se fosse Mark Zuckerberg?", Tim Cook rebateu, disparando: "Eu não estaria nessa situação." A Apple, conforme ele apontou, optou por não transformar seus clientes em produtos de mineração de dados. "Para nós, a privacidade é um direito humano." Facebook, você não é nenhum Jack Kennedy, e você está fundamentalmente fodido.

Cook pode conquistar a vantagem de terreno aqui graças ao modelo de negócios de sua empresa e graças ao fato de a Apple permanecer como uma das últimas grandes construtoras de marca. Ela não precisa mais da mídia transmitida, com lojas e a "earned" media. No entanto, a marca mais forte do mundo sempre será um promotor multicanal, e a empresa reconhece que o golpe nessa mídia reduziu os custos de tal forma que talvez eles tenham impacto (novamente) na construção de associações intangíveis (marca).

O teste da pandemia para a Apple será na cadeia de suprimento — a empresa conseguirá levar novos produtos aos consumidores? Muito provavelmente sim. A resposta competente da China, da Coreia do Sul e de outros países asiáticos à pandemia parece mal ter arranhado o que é provavelmente a segunda cadeia de suprimentos mais robusta do mundo, a Amazon.

PENSE RUNDLE

Para onde a Apple vai a partir daqui? Vai com tudo na receita recorrente que a movimentou durante a pandemia. A única coisa melhor que receita recorrente é um pacote de receita recorrente que pode criar um flywheel. Por que não um pacote com um flywheel literal?

Ciclistas da Peloton são fanáticos. A página incrivelmente popular do Facebook, Official Peloton Member, possui mais de 330 mil membros. Esse grupo posta 23 vezes por hora e interage com um alto engajamento. Assim como The League apresenta as socialites da Ivy League umas às outras, a JDate conecta judeus solteiros e a Raya conecta modelos e a elite social, a Peloton poderia começar a conectar solteiros com uma mentalidade fitness que se tornaram mais engajados, andando de bike e rolando a tela do celular.

Eu acredito que existe um piso nas ações da Peloton, uma vez que são poucas as empresas cuja aquisição pela Apple seja tão óbvia/natural quanto essa. A Apple poderia pagar um bônus de 50% para todas as ações pendentes desta Apple do setor fitness e registrar uma diluição de menos de 2%. A aquisição da Peloton forneceria à empresa mais valiosa do mundo um wearable adicional, embora incômodo, com margens maiores do que o produto mais lucrativo da história, o iPhone. A união também levaria a Apple ao próximo nível em um dos únicos dois setores que podem mover o ponteiro em uma empresa de US$2 trilhões — assistência médica (o outro é educação).

Em 2018, as estimativas eram de que a Apple TV+ gastaria US$1 bilhão em conteúdo original para a oferta futura de streaming de vídeo. Mas, em agosto de 2019, eles anunciaram um aporte de US$6 bilhões para conteúdo original. Uma empresa de hardware de tecnologia está dedicando o mesmo capital para conteúdo estrelando Reese Witherspoon e Khal Drogo (Jason Momoa) que o estado da Califórnia aloca para o sistema de 23 campi da Universidade Estadual da Califórnia.[21] Se isso soa como se vivêssemos em uma distopia, então confie nos seus instintos.

Graças ao recente amor de Tim Cook por Hollywood, a Apple TV+ distingue-se pelo conteúdo completamente original por US$4,99 mensais. Para cada dólar que você gasta no mês, a empresa gasta US$1 bilhão em conteúdos anualmente (quase a mesma quantia da Netflix). A qualidade da oferta deles não rivaliza com a HBO, mas a maior construtora de marcas do mundo foi sábia ao não misturar seu conteúdo original com *The Big Bang Theory*. A Apple continua como a referência em administração de marca.

Como resultado disso, a Apple também está em posição de oferecer um rundle como o Prime. É só me enviar o último iQualquerCoisa da vez, com mídia ilimitada (televisão, jogos, apps) ativada no smartphone por US$50 mensais, US$100 mensais pelo melhor smartphone e relógio e US$150 mensais por aulas online sobre design, UX/UI e um iPeloton. A Amazon ainda vencerá a Apple como a primeira empresa de US$3 trilhões, mas se esta seguir o caminho do rundle, não ficará muito para trás.

Mad Men 2.0: Google e Facebook

Dois dos Quatro estão no negócio de publicidade, e, tradicionalmente, é um ramo complicado quando a economia vai mal. Dessa vez é diferente, porque, embora nós estejamos vendo uma queda nas despesas com publicidade, o timing indica que esse gasto terá um rebote que beneficiará o Google e o Facebook. As duas empresas podem sobreviver às quedas. Muitos de seus concorrentes da mídia tradicional, já passando por dificuldades após duas décadas do lado errado do duopólio, não sobreviverão. A Covid-19 possui uma taxa de mortalidade de aproximadamente 0,5% a 1% de pessoas, mas a pandemia terá uma taxa fatal de 10% a 20% na mídia tradicional.

Essa é uma função entre um fraco balanço patrimonial e investidores que perderam a paciência — o mesmo abate que podemos esperar na maioria dos setores. Além disso, ficar preso em casa aumenta o inventário para anunciantes no Facebook e no Google. Sim, vocês são um "inventário".

Além disso, a mídia tradicional enfrenta outro desafio: a pandemia está expondo a verdade. O Facebook e o Google simplesmente são plataformas mais eficazes para anunciantes, e a verdade se tornará cada vez mais aparente, já que até mesmo os maiores anunciantes começam a cortar os gastos com a mídia tradicional. E não sentirão falta dela. Nenhuma outra plataforma pode oferecer a combinação de escala e granularidade oferecida pelo Facebook e pelo Google. Eles são os veículos de publicidade mais eficazes da história e, com 8 milhões de anunciantes, o Facebook possui a base de consumidores mais elástica e autorregenerável da história empresarial.

Anunciantes também não sentirão falta da mídia tradicional, pois aquilo que a mídia tradicional faz de melhor na publicidade — construir marcas em massa — está se tornando cada vez mais irrelevante conforme saímos da Era das Marcas para a Era dos Produtos. Aqui existe um problema duplo, porque o brand equity se desgasta lentamente, e alguns meses de gasto reduzido não moverão ponteiro algum. Isso, portanto, dificultará muito mais, mesmo para os profissionais de marketing que frequentam a igreja do brand equity, justificarem o retorno de suas despesas com mídia tradicional para os níveis anteriores à pandemia.

O outro benefício para o Facebook e o Google é a distração. Antes da pandemia, essas duas empresas estavam presentes no giro de notícias com maior frequência, ainda que pelas razões erradas. Desde vídeos de recrutamento do ISIS e pedófilos no YouTube até operadores russos e ladrões de dados no Facebook, o som dos tambores rufando por uma resposta regulatória estava aumentando.

Então, a pandemia aconteceu. E enquanto a testagem, máscaras e taxas de infecção dominarem o giro de notícias, esses assuntos também dominarão a política, e tanto o Google quanto o Facebook terão um adiamento de seu escrutínio público. No entanto, o modelo de negócios permanece intacto, se beneficiando de conteúdos sobre teorias da conspiração que a pandemia gerou. Ambas as empresas fizeram esforços para limitar a desinformação sobre a Covid, mas a raiva e alienação que alimenta seus feeds infinitos continuam inabaláveis.

O verão de 2020 viu uma tentativa débil de anunciantes bem-intencionados de contra-atacar o Facebook, mas, de maneira previsível, ela acabou antes mesmo de começar. Cerca de mil anunciantes retiraram publicamente seus gastos com anúncios no Facebook em julho, participando de uma campanha organizada por grupos pró-direitos civis em protestos pela promoção contínua de discurso de ódio e desinformação realizada pelo Facebook. Além disso, alguns grandes anunciantes, como Walmart e Procter & Gamble, cortaram ou eliminaram as despesas de julho com anúncios sem fazer nenhuma declaração pública. A diferença nos gastos foi mensurável, mas insignificante — a empresa ainda aumentou sua receita publicitária anual em 10% nas três primeiras semanas de julho. Zuckerberg zombou da ameaça na conferência de ganhos do dia 30 de julho, dizendo que "algumas pessoas parecem presumir erroneamente que nosso negócio depende de poucos grandes anunciantes". De fato, o Facebook possui mais de 7 milhões de clientes, e os 100 maiores são responsáveis por apenas 16% da receita total.[22] Enquanto isso, o boicote pode ter saído pela culatra para os anunciantes. Eles não apenas perderam os negócios que a publicidade do Facebook poderia trazer, mas sua ausência também criou um vácuo a ser preenchido por falsificadores e golpistas — como os anúncios do Facebook funcionam com um modelo de leilão, um gasto reduzido significa um preço reduzido. O analista Matt Stoller relatou sobre uma empresa de calçados de luxo que participou do boicote, e que viu anúncios para versões falsificadas de suas mercadorias onde normalmente estariam em exibição os anúncios dos produtos originais.[23] Com 8 milhões de anunciantes e um modelo que cria oportunidades imediatas para outros quando algum desses anunciantes reduz despesas, o Facebook possui a base de clientes mais robusta (e até mesmo autorregenerável) da história dos negócios.

Em virtude de serem os maiores elefantes da manada, os Quatro estão bem posicionados para sobreviver a qualquer crise e prosperar quando as chuvas retornarem. E uma pandemia que nos mantém em casa, de frente para nossos celulares, e deixa a classe profissional com muita renda a ser gasta dificilmente é uma crise para as empresas que vendem essas telas e dominam o que fazemos nela. Os Quatro já estavam alcançando a dominância, e a pandemia acelerou essa tendência, assim como fez com tantas outras.

[3]

OUTROS DISRUPTORES

O Índice de Disruptabilidade

Os Quatro alcançaram a velocidade da luz e aproveitam do poder do monopólio/duopólio que resulta na hegemonia de distribuição, cimentada por um capital barato, o que dificulta desafiá-los. Entretanto, estamos em uma grande economia global e existem outros setores mostrando sua determinação. Mais uma vez, a pandemia está acelerando essas oportunidades, aumentando a proporção dessa determinação e tornando punhos de aço mais ágeis.

A oportunidade para disrupção em um setor pode ser correlacionada a um punhado de fatores — um índice de disruptabilidade. O sinal principal é um aumento drástico no preço sem nenhum aumento no valor ou na inovação. Isso também é conhecido como *unearned margin*, ou margem não merecida. A representação disso é o meu setor, educação superior. Pense em uma aula universitária.

Esteja você nos seus 19 ou 90 anos, provavelmente imaginará a mesma coisa. Um auditório, uma pessoa mais velha na frente, um grupo de jovens nos assentos, aulas, anotações, assistentes do professor. Quase nada disso mudou nos últimos quarenta anos, ou talvez até nos últimos oitenta. Mas houve uma mudança drástica — o preço. A taxa escolar universitária nos EUA aumentou 1.400% nos últimos quarenta anos.[1] Um sinal vermelho para a disrupção.

Outro setor preparado para a disrupção: a assistência médica. É verdade que o ramo pode afirmar que passou por melhorias significativas de qualidade em certos setores — procedimentos avançados, tratamentos com fármacos, dispositivos. No entanto, muitos resultados, como a expectativa de vida e a mortalidade infantil, não melhoraram drasticamente. A experiência do consumidor, em sua maioria, não melhorou. Mesmo assim, os custos explodiram. O preço médio de uma cobertura familiar nos EUA aumentou em 22% ao longo dos últimos cinco anos e 54% ao longo dos últimos dez anos, significativamente mais que os salários ou a inflação.[2]

Outro fator de disruptabilidade é uma dependência do brand equity separado da qualidade do produto, de sua distribuição ou de seu suporte. A transição da Era das Marcas para a Era dos Produtos acabará com a vantagem competitiva que muitas das empresas dominantes do século XXI já possuíram. Diversas companhias vendem essencialmente o mesmo produto massificado e medíocre, mas o denominam como premium graças a um investimento multigeracional em construção de marca. Tecnologias digitais desencadearam uma enxurrada de inovação que trouxe um diferencial, ou não, para quase todas as categorias de consumo. A tentação de ignorar startups com melhores materiais/ingredientes, de dominar novas plataformas e de retornar à construção da marca é mais bem refletida na quase irrelevância dos Mestres de Ontem — as holdings de comunicações.

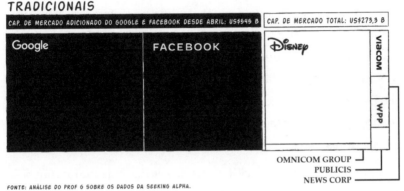

CAP. DE MERCADO ADICIONADO DESDE ABRIL DE 2020 VS. CAP. DE MERCADO TOTAL DE EMPRESAS DE MÍDIA TRADICIONAIS

FONTE: ANÁLISE DO PROF G SOBRE OS DADOS DA SEEKING ALPHA.

O bicho-papão nesse caso é um reservatório de má vontade dos consumidores. Muitas empresas e setores fomentaram um relacionamento negativo com os consumidores. As empresas de plano de saúde fazem isso naturalmente, pois o modelo de negócios consiste em cobrar um consumidor de forma indefinida e empregar recursos para evitar a entrega do benefício. Apesar de sua nobre missão e do talento que atrai, o setor da assistência médica também sente um gosto amargo. Uma razão forte para isso é que nossa experiência com a assistência médica é mediada por empresas de planos de saúde e regulamentações que criam obstáculos entre a necessidade e o cuidado. Grande parte do setor centra suas operações em quem paga o seguro aos clientes e no médico/provedor da instituição. Clínicas disruptivas, incluindo a One Medical e a ZOOM-Care, e a farmácia online Capsule, focam o consumidor/cliente.

Os setores estão maduros para a disrupção quando os players existentes fracassam na adoção de mudanças tecnológicas para melhorar a qualidade e o valor, pois isso ameaça o negócio central da empresa. Um bom sinal de que o setor está vulnerável é a presença de pseudoinovações — adição de recursos que não trazem valor real ao produto: clubes de assinatura que não oferecem nenhuma economia ou conveniência efetiva; cinemas cuja bilheteria online é um transtorno maior que comprar o ingresso na fila; universidades investindo em acomodações de luxo em vez de recursos educacionais. Esses são os remédios caseiros de uma equipe administrativa que sabe que o paciente precisa de cirurgia, mas não quer arcar com custos e dores reais.

A pandemia expôs o tecido mole de setores cuja maior inovação foi o aumento nos preços. As fraquezas do sistema de assistência médica norte-americano são uma tragédia nacional. Entre a miríade de problemas, nossa dependência de instalações centralizadas, especialmente de serviços de salas de emergência, pode catalisar um tsunami de inovação ao redor da modalidade remota de saúde e da telemedicina.

Para sobreviver, as empresas têm ampliado ou reduzido gradativamente diferentes dimensões de seus negócios com uma agilidade incrível. Se um restaurante serviu poucas refeições em delivery, então ele tornou isso uma prioridade, ajustando o menu, o layout e as horas. Em muitos lugares, serviços terceirizados de delivery, incluindo o Seamless e o Postmates, preencheram essa necessidade, se apossaram do relacionamento com o cliente e agora têm os restaurantes nas mãos.

Se sua empresa já era adepta do "click and collect", como a Home Depot, a pandemia é mais um quebra-molas do que um meteoro. Se a sua loja não tiver competência com o e-commerce (T.J.Maxx,

Marshalls), você sofreu mais, já que o mundo daqui a uma década não perdoará ofertas diretas ao consumidor que estejam abaixo da média.

A Queima do Celeiro do Unicórnio

As "startups" de tecnologia atuais são frequentemente bem capitalizadas, com operações realizadas por uma equipe profissional e um acesso a capital suficiente para que, com alguma receptividade do mercado, se tornem forças formidáveis no setor em questão de meses, comparado ao que costumava levar anos ou até décadas. Até pouco tempo elas eram tipicamente encabeçadas por um fundador carismático, com uma grande visão, ofuscado por um operador.

Sempre existe uma tensão entre o capital e a administração. Entretanto, parece que atingimos o ápice da idolatria ao fundador, uma transição acelerada pela pandemia. Nos anos 1990, em Sand Hill Road, CEOs fundadores de startups de tecnologia eram considerados um mal necessário — jovens brancos loucos e excêntricos com uma visão que com o tempo seria descartada quando o executivo mais velho e experiente fosse chamado para ampliar a empresa.

O poder residia no capital — com os homens brancos levemente mais velhos e muito menos excêntricos de Sand Hill Road. E ao fundador era proibido retirar o dinheiro da empresa antes do capitalista de risco conseguir sua própria liquidez. A participação do fundador era inútil até uma aquisição ou IPO.

Eu tentei quebrar as regras e fiz uma segunda oferta em uma das minhas primeiras empresas, Red Envelope — vendi 1 milhão de dólares das minhas próprias ações para um investidor externo. Dentro de 24 meses, a empresa estava saindo dos trilhos e fui forçado a reinvestir todo o dinheiro conquistado ou seria rejeitado pela minha principal empresa de capital de risco, Sequoia Capital.

Entretanto, no final dos anos 1990 e no começo dos anos 2000, o poder começou a retornar aos fundadores. Empreendedores começaram a ser vistos como o molho secreto das empresas. Por quê? Duas razões: Bill Gates e Steve Jobs. Bill Gates foi o primeiro a provar que a mesma pessoa poderia fundar uma empresa e fazê-la alcançar o valor de US$100 bilhões. Gates fez a Microsoft alcançar os US$600 bilhões em quatorze anos.

Jobs levou a Apple até seus US$600 bilhões nos primeiros cinco anos da empresa. Mas isso foi em outra época, e ele foi forçado a sair da empresa por ser excêntrico, teimoso e imprevisível. Poucas coisas representam mais um babaca da era da informação do que um CEO vestindo uma camisa preta de gola alta e falando para as pessoas encontrarem sua paixão. No entanto, Jobs era um verdadeiro gênio, e nenhum dos homens de cabelos grisalhos que o sucederam — Scully, Spindler ou Emilio — conseguiram ampliar a empresa. Vinte anos após Jobs retornar à Apple, o valor da empresa aumentou em duzentas vezes.

Com esses dois como provas, os fundadores se tornaram mais assertivos. E, conforme a expansão tecnológica ocorria, a oferta e a demanda começaram a mudar em favor deles. Em 1985, o Vale do Silício estava cheio de gênios com ideias capazes de mudar o mundo, mas o capital era de difícil acesso. Em 2005, não criamos mais aquela *mesma* quantidade de gênios, mas o capital disponível começou a aumentar exponencialmente. As empresas de capital de risco que batalhavam para financiar os fundadores bem-sucedidos criavam term sheets que incluíam vendas secundárias, estruturas com duas classes de acionistas e outras cláusulas benéficas aos fundadores.

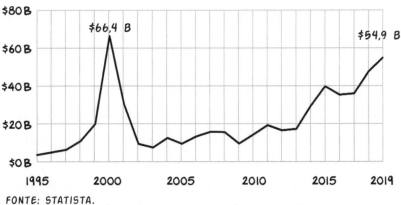

A situação se desequilibraria ainda mais. O NASDAQ quadruplicou em dez anos, todos queriam fazer parte da expansão, mas a oferta de talentos não acompanhou o ritmo. Mercados abominam um vácuo, e esse espaço foi preenchido por falsos profetas que conseguiram persuadir um rebanho a pensar que eles eram o próximo Jesus Cristo da nossa economia — o próximo Steve Jobs.

Dois outros fatores levaram a era da idolatria aos fundadores até novos níveis. A quantidade bruta de capital significava que as empresas podiam buscar estratégias de crescimento orientadas pelo capital. Ou seja, elas poderiam comprar sua participação no mercado ao vender com prejuízo ao mesmo tempo que aumentavam as rodadas de capital subsequentes com valores cada vez maiores, graças ao crescimento alimentado pelo capital barato. E, com todo esse capital privado disponível, as empresas poderiam continuar nesse carrossel de prejuízo por mais tempo antes de abrirem seu capital (e se sujeitarem à análise dos mercados públicos). O número de IPOs norte-americanas caiu 88% de 1996 até 2016. Atualmente também leva muito mais tempo para que uma empresa torne-se de capital aberto. O tempo médio para uma organização lançar uma IPO aumentou de três para oito anos nos últimos vinte anos. As duas dinâmicas alimentaram uma à outra, e os fundadores "visionários" festejaram. Uma nova espécie de startup emergiu: o unicórnio.

APRESENTANDO O UNICÓRNIO

Há um bom tempo, em 2013, quando startups bilionárias eram de fato monstros raros, a investidora de capital de risco Aileen Lee cunhou o termo *unicórnio* para descrevê-las.[3] Ela encontrou 39 empresas que se encaixavam nessa categoria e relatou que novas empresas surgiam a uma taxa de aproximadamente quatro por ano. Estimativas revelam que o número total atual gira em torno de quatrocentos, com 42 empresas novas apenas em 2019.

Embora muitas dessas empresas tenham comprado a filosofia do "finja até que vire verdade" e no fim das contas só conseguiram fingir, nem todo unicórnio existe à base de expectativa. Desde criminalidade (Theranos) até uma alucinação consensual (WeWork) e trabalhos simplesmente superestimados (Casper), essas eram empresas que dependiam de uma combinação de mídia empresarial bajuladora, investidores acometidos por síndrome de FOMO e uma fé cínica de que múltiplas rodadas de avaliações gradualmente maiores criariam impulso suficiente para conduzir a empresa até a venda de suas ações para um idiota ainda maior.

Sempre será "diferente dessa vez". As pessoas amam a WeWork e a Uber assim como eu amei a Pets.com e a Urban Fetch. Um saco de 30kg de ração para cães e um pote de Ben & Jerry's entregues no próximo dia ou na próxima hora por um preço menor que o de custo era incrível para todos, menos para os acionistas. O valor é o crescimento em função das margens de lucro. Assim como foi feito nos anos 1990, muitos dos unicórnios de hoje em dia injetaram um enorme capital para alcançar o crescimento sem demonstrar uma proposta de valor sobre como alcançar as margens.

A pandemia se deparou com o mundo das startups em uma conjuntura única. Nunca antes houve tanto capital e tantas empresas bem construídas e posicionadas, justamente no momento em que a mãe de todas as acelerações está criando oportunidades de disrupção por toda a parte. A diferença dessa vez é que a maioria dos unicórnios sobreviverá de uma forma ou de outra, mas a destruição do valor poderá ser maior, uma vez que as avaliações das empresas se tornaram muito extraordinárias.

O BUFÊ DE UNICÓRNIOS NO VALOR DE US$100 BILHÕES DO SOFTBANK

Acima de todos os outros fornecedores de capital barato está o SoftBank, cujo Vision Fund, com seus US$100 bilhões, foi disruptivo em muitos níveis diferentes. O estudo de caso que ensinaremos por décadas nas faculdades de administração ao redor do mundo sobre o desastre do Vision I é autoexplicativo. A estratégia era (pode acreditar) o capital como estratégia. Mais especificamente, mais capital para que você conseguisse um fluxo de negociações e isso se tornasse o combustível para as empresas de portfólio alcançarem a velocidade da luz, deixando os competidores para trás, completamente atordoados. O pitch da SoftBank para os empreendedores foi simples e atraente. "Vocês não estão pensando alto o suficiente. Nós queremos investir três vezes a aquisição planejada de vocês, e, se não negociarem conosco, injetaremos esses litros de hormônio para crescimento em forma de capital nos seus maiores concorrentes." Tudo bem, então.

O capital é, de fato, uma arma no patrimônio privado, em que apenas algumas empresas podem fazer ofertas pelos ativos verídicos e efetivamente grandiosos, com enormes fluxos de caixa. No entanto, no capital de risco e no crescimento, o molho secreto é feito de deslocação, de um mercado pronto para a disrupção e de fundadores geniais e loucos que são idiotas demais para saber que fracassarão. Quando sua habilidade de usar bilhões de dólares em um conceito se torna prioridade, como costuma acontecer quando você tem 100 bilhões de dólares para usar, os seus retornos começam a cair. Isso é evidente ao longo de todo o portfólio do SoftBank.

Meu colega da NYU, o professor Pankaj Ghemawat, publicou uma importante pesquisa mostrando que os negócios ocorrem, apesar de rumores sobre o fim da distância, em função da geografia. A lucratividade de uma varejista está correlacionada com a proximidade de sua sede. A Sequoia Capital era a principal investidora na minha segunda empresa, e o parceiro em nosso quadro de diretores me contou que um princípio fundamental deles é que não investiriam em uma empresa cujo parceiro não pudesse visitar dirigindo. Observação: conforme aumentaram seus fundos, as grandes empresas de capital de risco passaram a realizar investimentos em todo o mundo, mas com frequência abrem escritórios locais.

Masayoshi Son e Adam Neumann concordariam em se encontrar em um local que ficasse entre seus treze fusos horários (eu acho que é no Havaí). De maneira semelhante a quando os japoneses adquiriram estúdios cinematográficos e campos de golfe norte-americanos nos anos 1980, o SoftBank dirá adeus com muito menos ienes do que ela tinha ao chegar. Caso tenha achado a última frase desconfortável ou até mesmo racista (como eu achei inicialmente), você se tornou uma vítima do mesmo vírus digital de monocultura que infectou nossas universidades. O Japão comprou os campos de golfe dos Estados Unidos, e a moeda deles é, de fato, o iene.

ROI VS. DISTÂNCIA DO MASA

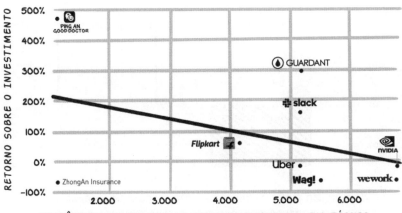

FONTE: SECTION4.

Outro princípio do capital de risco, expressado por todo investidor com o qual já consegui dinheiro (General Catalyst, Maveron, Sequoia, Weston Presidio, JPMorgan, Goldman Sachs e outros) é que **eles não gostam de liderar rodadas subsequentes**. Bons investidores resistem à tentação de "superar sua própria oferta" (liderar múltiplas rodadas) e requerem uma validação terceirizada e distante do valor da empresa aqui e agora. O SoftBank foi o único líder de investimento da WeWork, ao longo de diversas rodadas, desde 2016.

De maneira irônica, o estrago real no lado do capital recairá sobre os funcionários do SoftBank, pois eles possuem ações do Vision I. O Saudi Arabia Public Investment Fund e a Mubadala possuem ações preferenciais que recebem um retorno (preferencial) de 7% anualmente, retirando os retornos dos pequenos vencedores dentro do portfólio. Então o fundo Vision I está com pneumonia, mas os donos das ações ordinárias estão em ventilação.

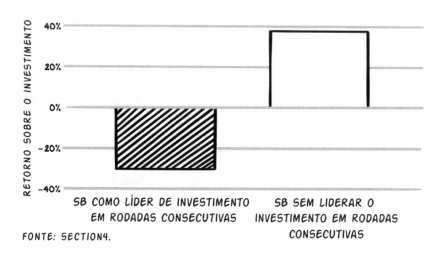

A disponibilidade de capital não se correlaciona com a disponibilidade de bons lugares para investir esse capital. Bons investimentos — startups disruptivas com o potencial de crescimento para se tornarem empresas sustentáveis e multibilionárias — sempre serão escassos. A alquimia de empreendedores loucos e brilhantes com visões únicas de como novas tecnologias podem resolver problemas ou melhorar nossas vidas, aliada a encarregados gordos e felizes, é uma história sobre caçar unicórnios. Mas o capital é riqueza em movimento e, assim como os tubarões que implementam esse capital, essa riqueza precisa continuar em movimento — ou morrerá. Então, quando boas empresas parecem ter recuado para a floresta, o capital se convencerá de que um urso é um unicórnio.

BLÁ-BLÁ-BLÁ ESOTÉRICO

Capital excessivo e falta de talento são uma deixa para a ascensão do fundador carismático. Quando todo o resto é igual, um fundador carismático é um ativo. Ele não só atrai o capital, como também bons funcionários, vende o produto e fornece um halo para a empresa quando ela enfrenta alguma ameaça. Mas, em um ambiente encharcado por capital, ninguém tem tempo nem interesse de fazer uma análise séria dos documentos financeiros ou realizar uma diligência com base na ideia de uma startup. É mais fácil investir centenas de milhões de dólares no cara de cabelo comprido com um plano para viver para sempre e resolver (presumivelmente mais rápido) o conflito entre israelenses e palestinos, já que ele é um "visionário" e nós, o capital, "financiamos pessoas, não empresas".

O fundador carismático fala em um dialeto específico: o **blá-blá--blá esotérico**. Esse é o nosso termo para linguagem abstrata ou de cunho espiritual nos S-1 das IPOs, a divulgação formal de uma empresa antes de abrir seu capital. Além de listar as divulgações financeiras exigidas, a empresa amplifica esse blá-blá-blá esotérico com o poder do executivo de comunicação corporativa. Esse é um problema nas empresas de verdade [de acordo com o LinkedIn, existem mais pessoas na área da comunicação corporativa trabalhando para Bezos na Amazon (969) do que jornalistas trabalhando para Bezos no *The Washington Post* (798)], mas se torna uma competência central na empresa do fundador carismático, cujo crescimento é orientado pelo capital. Quando as empresas ainda estão buscando um modelo de negócios viável, a tentação de partir completamente para o blá--blá-blá esotérico fica mais forte, uma vez que a verdade (números, modelos de negócios, EBITDA) precisa ser escondida. Quando eu apareço na MSNBC, eles colocam uma base líquida bem doida em uma garrafa de plástico com uma mangueira, pedem para que todos se afastem e (estou falando sério) borrifam meu rosto e minha cabeça como se o maquiador fosse a última linha de defesa contra o reator 4 de Chernobyl. E eu fico incrível... Durante algum tempo. Mas, de maneira similar ao blá-blá-blá esotérico, a máscara acaba caindo.

O blá-blá-blá esotérico basicamente se traduz como "somos pessoas fascinantes" em vez de "essa é uma empresa bem estruturada e que faz sentido pelas seguintes razões".

Recentemente, olhamos a linguagem do S-1 de algumas empresas de tecnologia e realizamos uma avaliação qualitativa do nível de balela — a disposição delas em sair do fundamento dos balanços patrimoniais e fugir para o reino dos mistérios. A tentativa das empresas era de chamar a atenção ao apagar todas as luzes. Em seguida, observamos o desempenho dessas empresas um ano após a IPO — o que acontece quando as luzes são acesas. Acreditamos que existe uma correlação inversa entre essas duas informações, e que isso pode ser um indicador promissor para o desempenho da participação da empresa.

Escala de blá-blá-blá esotérico 1–10:

1/10: Sou um professor de marketing, um cara normal.

5/10: Eu sou O Cara.

10/10: Eu sou O Bruxo, o Guru Espiritual que destranca sua autoatualização.

Zoom

Missão: "Remover o atrito das comunicações de vídeo."

Isso é preciso. A Zoom é uma empresa de comunicação de vídeo. Ela oferece menos atrito, como demonstrado por uma maior pontuação NPS (62) que a Webex (6).

Escala de besteira: 1/10

Retorno das ações seis meses após a IPO: +122%

Spotify

Missão: "Desbloquear o potencial da criatividade humana ao dar para 1 milhão de artistas criativos a oportunidade de viver de sua arte e, aos bilhões de fãs, a oportunidade de aproveitar e serem inspirados por esses criadores."

Ok, mais ou menos. É difícil pensar em como a Celine Dion está desbloqueando a criatividade humana.

Escala de besteira: 5/10

Retorno das ações um ano após a IPO: +9%

Peloton

Missão: "Em seu sentido mais fundamental, a Peloton vende felicidade."

Não. Assim como Chuck Norris, Christie Brinkley e Tony Little, vocês vendem equipamentos de exercício.

Escala de besteira: 9/10

Retorno das ações um dia após a IPO: –11%. Sendo justo, após ficar no zero durante grande parte após os seis primeiros meses da IPO, a Peloton começou a subir durante a pandemia, conforme as pessoas começaram a se exercitar em casa.

Eu consigo me identificar com essa mistura de arrogância, sucesso e complexo de messias que leva você a acreditar que os esforços de sua empresa merecem uma visão digna de sua genialidade — desde que isso não distraia você e seus investidores da realidade: é muito difícil construir uma entidade que recebe mais dinheiro do que gasta ao mesmo tempo que ela cresce. Quando o conselho, o CEO e os banqueiros transferem essa ressaca cruel aos investidores do varejo, a distração se torna uma ilegalidade.

Minha nova empresa, a Section4, iria "Restaurar a Classe Média". Meus colegas reviraram os olhos com tanta força que me perguntei se haviam aprendido isso com meu filho de 12 anos. Em seguida viramos uma "Mídia de Negócios *NSFW*" ou "Streaming de MBA". Ainda estamos tentando acertar isso. Finalmente, eu disse ao conselho que havíamos reunido um grupo de pessoas talentosas e entregaríamos um marketing digno de universidades de negócios de elite e eletivas de estratégia por apenas 10% do preço. Começaremos a partir disso. Acabei entendendo que não estamos trazendo a felicidade para o universo. Não somos molho chipotle.

SANGUE PURO VS. UNICÓRNIO

Conforme adentramos o último trimestre de 2020, as empresas de capital de risco estão levantando financiamentos recordes e avaliações de valores que parecem estar aumentando após uma rápida pausa (que pareceu levar uma eternidade) durante a primeira metade de 2020. Mas, como o financiamento sobreviveu e até mesmo sofreu uma aceleração, acredito que existirá um impacto duradouro nas avaliações. As empresas vistas como inovadoras registraram valores que serão insustentáveis quando os mercados se derem conta deles. É preciso, porém, ler as letras miúdas da minha previsão: em março de 2019, na frente de uma grande plateia na conferência SXSW, previ que as ações da Tesla cairiam de US$300 até menos do que US$100. As ações começaram 2020 com o valor de US$430 e, em agosto, ultrapassaram o valor de US$2 mil por quota. De qualquer forma, é possível que o mercado continue a supervalorizar IPOs recentes, mas me parece que muitas dessas empresas possuem uma valoração que não faz sentido.

Uma empresa pode ser um bom negócio e possuir uma perspectiva consistente ao ser avaliada em US$200 milhões, mas ser uma vergonha para os mercados ao ser avaliada em US$1,1 bilhão. A Casper abriu o seu capital em fevereiro de 2020. Ela é uma marca legal em um mercado crescente — o setor do sono. Pode chamá-lo assim, se quiser. As lojas de colchões norte-americanas são coisas tiradas de um filme do Tarantino: você tem a sensação de que vai aparecer um cara com uma espingarda fazendo alguns reféns. Um dos principais fatores no sucesso de uma companhia não é a empresa por si só, mas a incompetência do restante do setor. Parece que centenas de pessoas possuem essa mesma visão. Existem 175 varejistas online de colchões além da Casper (pense nisso).

Os números da Casper iluminam evidências de uma economia sem substância: empresas que deveriam ser vendidas no mercado privado fazendo uma dança kabuki (a palavra "tecnologia" é mencionada mais de cem vezes no projeto), pedindo para que as pessoas acreditassem nela até que os fundadores, empresas de capital de risco e banqueiros vendessem suas ações e recuperassem o dinheiro. Aqui o blá-blá-blá esotérico também tem um papel fundamental: "Nós acreditamos que somos a primeira empresa que compreende e serve a Economia do Sono de uma maneira holística."

Entretanto, ao serem revisados os documentos financeiros, eles não parecem nada holísticos ou particularmente relaxantes. Para cada colchão, a Casper consegue US$1.362 em receita, mas gasta US$761 no colchão, US$480 nas vendas e marketing e um impressionante valor de US$470 no overhead administrativo. Essa é uma perda de US$349 por colchão. Isso soa como uma empresa de 1 bilhão de dólares? Aparentemente soou para seus financiadores de capital de risco, que fizeram um lance de US$1,1 bilhão em 2019.

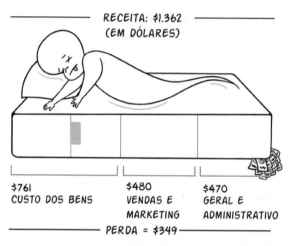

FONTE: ANÁLISE DOS DOCUMENTOS FINANCEIROS DA EMPRESA.

Eu disse que a Casper não deveria abrir o capital e que, caso fizesse, a ação cairia em aproximadamente 30% no primeiro ano. Na verdade, eu disse à equipe administrativa para vender a empresa em 2017. Meu conselho era vender para uma varejista, como a Target (um dos seus investidores) ou para qualquer varejista de meia-idade querendo aplicar botox, como a Jet foi para o Walmart. A aquisição forneceria ao adquirente o impulso no setor do sono, uma experiência de domínio em vendas diretas ao consumidor, e a Casper teria uma chance maior de alcançar a escala que não possuía e da qual necessitava. Eles escutaram O Cara? Não. A Casper tornou-se uma empresa de capital aberto em fevereiro de 2020, se esforçando logo no começo para conquistar uma valoração abaixo de seu financiamento mais recente como uma empresa privada, US$1,1 bilhão — e caiu 30% na primeira semana de negociação —, e se encontra estagnada nesse valor conforme escrevo este livro, em agosto de 2020.

Sendo justo, Casper viu uma oportunidade (assim como outras 175 varejistas de colchões) e a perseguiu com uma combinação de tecnologia e narrativa (na maior parte, só narrativa). Mas a empresa teve dificuldades para desenvolver qualquer tipo de diferencial, em vez disso optando por retornar à Era das Marcas e tentando vender um produto sem nenhum diferencial e com associações ambiciosas demais.

Quando a Fumaça Se Dissipa

Qual é a aparência do ambiente de startups para possíveis empresas disruptivas que podem oferecer mais do que um fundador bonitão com uma boa lábia? O capital abundante continua, e o ciclo de vida de uma startup se tornou fechado para muitas empresas.

Os investidores privados — capitalistas de riscos tradicionais, mas também os investidores institucionais cujo apetite por risco aumentou com os recursos sob sua administração — estão participando cada vez de mais (e maiores) rodadas de financiamento, usando os mercados públicos como uma saída em vez de um evento financeiro.

Um capital abundante permite uma quantidade de rodadas de financiamento anteriormente disponível apenas nos mercados públicos, e um mercado secundário robusto fornece liquidez para os acionistas. Uma grande razão pela qual estamos vendo tantos unicórnios é que as empresas se mantém em mercados privados por mais tempo. Isso confere o benefício de um overhead e de custos de conformidade regulatória reduzidos, além de um menor escrutínio. A empresa tem maiores vantagens para seus financiadores do mercado privado.

Outra mudança tem sido o maior potencial para outra forma de saída com alto retorno — a aquisição por parte de algumas enormes empresas de tecnologia, como os Quatro. Além disso, dez ou vinte anos atrás, a saída por meio da aquisição era geralmente um prêmio de consolação por empresas financiadas pelo capital de risco. Esse prêmio certamente daria algum dinheiro para os fundadores, mas o dinheiro e a fama de verdade estavam em uma IPO. Agora, assim como mercados de capital privado, os grandes adquirentes também podem se equiparar aos mercados públicos.

A Apple possui uma importância que equivale a duzentos unicórnios (US$200 bilhões) em seu balanço patrimonial. O Google possui US$120 bilhões. Mas não se trata apenas dos Quatro *poderem* pagar avaliações de IPO — a dominância de mercado dessas empresas (além da habilidade de avançar de forma agressiva em novos mercados) torna suas ofertas difíceis de recusar. As audiências antitruste no Congresso do mês de julho de 2020 revelaram que Mark Zuckerberg fez uma oferta ao Instagram que a equipe não pôde recusar ("unam-se a mim ou morram"). Os fundadores e os investidores geralmente se saem bem em aquisições. Os doze unicórnios que saíram do jogo na primeira metade de 2020 o fizeram com um bônus de 91% sobre a última avaliação privada da empresa.[4] No entanto, isso é ruim para a economia e para o crescimento de empregos, pois o ecossistema é menos robusto e a consolidação do mercado torna cada vez mais difícil para que novas startups possam vingar.

A pandemia pode dar à luz a categoria de IPO de melhor desempenho em vários anos, considerando que as avaliações do mercado estão se baseando no potencial de desempenho de uma empresa daqui a dez anos. Isso também tem seu lado negativo: companhias que estão passando por dificuldades não são salvas pelo mercado e são avaliadas apenas no seu fluxo de caixa restante. A economia de capital barato que oferece aos disruptores a oportunidade de dar impulso ao futuro rouba o oxigênio das outras empresas, que são forçadas a recuar (demissões, cortes no CapEx) enquanto as novas boy bands podem embarcar em novos investimentos e contratações. Isso se torna uma profecia autorrealizadora — as empresas atuais são forçadas a jogar na defensiva para manter os lucros em que seus investidores se tornaram viciados. Isso as enfraquece ainda mais, dando às empresas disruptivas um impulso, já que os ganhos de participação de mercado se tornam maiores com as anciãs do setor enfraquecidas.

Então qual é a receita da disrupção? Primeiro, o setor no qual você está entrando é o contexto crucial. Aqueles cujos preços aumentaram mais que a inflação sem um aumento equivalente da inovação são setores nos quais a probabilidade de disrupção é maior. O DNA de uma empresa disruptiva pode ser mapeado pela desarticulação de elementos-chave das empresas que adicionaram centenas de bilhões no valor do stakeholder em anos em vez de décadas.

O algoritmo T, desenvolvido por mim no livro *Os Quatro* e refinado desde então, define algumas dessas qualidades. O *T* significa "trilhão" — essas são as qualidades que dão à empresa uma chance de conquistar uma avaliação de 1 trilhão de dólares. Os oito elementos do algoritmo T são:

- Atração ao instinto humano
- Acelerador de carreiras
- Equilíbrio de crescimento e margens
- Rundle

- Integração vertical
- Produtos Benjamin Button
- Storytelling visionário
- Carisma

ALGORITMO T

Atração ao instinto humano. Como humanos, nós somos projetados para compartilhar uma série de necessidades biológicas. As empresas mais poderosas encontraram formas de servir e explorar esses instintos. Nós podemos separá-los em quatro categorias principais, percorrendo todo o corpo. Primeiro, *o instinto cerebral:* estamos constantemente buscando respostas que nos ajudem a explicar nossas experiências e o mundo ao nosso redor (Google). Pechinchas (Walmart) e afirmações racionais (Dell, Microsoft) são atraentes ao cérebro. As margens tendem a ser pequenas nos negócios que interessam ao cérebro — ou há um preço baixíssimo ou um processador super-rápido. Segundo, *o coração:* nós temos um desejo inato de nos conectar com as pessoas ao nosso redor. "Mães exigentes escolhem Jif", dizia o comercial sobre a manteiga de amendoim. Se importar com aqueles ao seu redor o torna mais disposto a gastar. Terceiro, *o intestino:* desde nossos dias como homens das cavernas, nós temos trabalhado para acumular a maior quantidade de recursos pelo menor esforço possível. Nossas vidas modernas dependem de uma oferta regular de coisas. Finalmente, *os órgãos genitais:* o instinto de propagar nossa espécie é um dos nossos instintos mais primordiais. Somos motivados a comprar produtos e serviços que nos fazem parecer mais bem-sucedidos e interessantes para que possamos atrair melhores parceiros. Pagamos margens irracionais para melhorar nosso sex appeal. Compare empresas racionais como Walmart e Amazon (o cérebro e o intestino) a empresas como Ferrari e Louboutin (a genitália).

Acelerador de carreiras. Uma empresa que serve como um incrível trampolim para a carreira de alguém. Além da propriedade intelectual, a habilidade de uma empresa em atrair empregados talentosos é um dos fatores mais importantes para o sucesso.

Equilibrando crescimento e margens. As empresas mais bem-sucedidas de hoje em dia mantêm um crescimento explosivo e fortes margens. Tipicamente, as margens estão em conflito com o crescimento. Existem algumas que possuem margens bem pequenas, como a Walmart, e em decorrência disso são capazes de crescer mais rapidamente, porque não cobram margens adicionais por seu valor. Por outro lado, se uma empresa possui maiores margens, costuma ter um crescimento menor, além de um potencial reduzido de escala. Apenas algumas exceções, como os Quatro, são capazes de combinar um alto crescimento com altas margens.

Rundle. Um pacote de bens e/ou serviços que justifique uma receita recorrente. Essa estratégia explora uma das quatro principais fraquezas dos seres humanos: nós somos péssimos em estimar o valor do tempo. Empresas que convencem os consumidores a embarcarem em um relacionamento monogâmico com elas entram em uma posição na qual podem acumular um maior valor ao longo do tempo do que as empresas que interagem com consumidores em transações. Um exemplo de rundle: a Apple oferece atualmente assinaturas de streaming de músicas e vídeos, mas pode reunir esses dois produtos e unir também notícias e melhorias anuais do iPhone em um conjunto maior de receita recorrente.[5] A Disney poderia reunir o Disney+, os parques, cruzeiros e outras vantagens em diferentes níveis de pacote com base nas receitas recorrentes, ou uma assinatura de múltiplos produtos.

Integração vertical. Uma habilidade da empresa de controlar a experiência do cliente de ponta a ponta a partir do controle da maior parte possível da cadeia de valor. Empresas que controlam a distribuição conseguem grandes benefícios. Pense na Apple. Ao controlar a App Store e o iPhone, a empresa consegue uma porcentagem de cada gasto realizado em apps terceirizados. Ela vende seus produtos em todos os quinhentos templos da marca, conhecidos como Apple Stores, e nos próximos dois anos passará a projetar internamente todo o seu crucial silício.

Produtos Benjamin Button. Produtos ou serviços que envelhecem de maneira inversa (ficam mais valiosos, e não menos, com o passar do tempo para seus usuários) graças a efeitos de rede. Ao contrário de produtos tradicionais, como carros ou pastas de dente, que perdem seu valor quase imediatamente após a compra, produtos Benjamin Button se tornam mais valiosos com o tempo e com os usuários adicionais. Por exemplo, no Spotify, mais artistas significam mais usuários, o que significa uma maior personalização de playlists, incluindo o compartilhamento de suas playlists com seus amigos, o que torna o Spotify muito mais divertido para você. Isso, por sua vez, atrai mais artistas para a plataforma, e assim por diante.

Storytelling visionário. A habilidade de articular ou demonstrar um progresso em uma visão ousada da empresa para seus acionistas. Contar uma história interessante une os funcionários e atrai grandes talentos, além de capital barato. Mas inspirar não é o suficiente — a empresa precisa cumprir suas promessas.

Carisma. A habilidade dos líderes de uma empresa de isolá-la da análise governamental e da mídia, conseguindo parcerias favoráveis e atraindo grandes talentos. Os consumidores tendem a personificar as marcas, e aquelas com características positivas e animadas tendem a colher grandes benefícios.

OS UNICÓRNIOS MAIS BRILHANTES DA MANADA

Usando o Algoritmo T e levando em consideração a disruptabilidade de seus setores, aqui estão algumas empresas, tanto de capital aberto quanto fechado, que estou acompanhando:

Airbnb. Em 2018, eu disse que o Airbnb era a empresa de tecnologia de consumo mais inovadora do ano, monetizando a maior categoria de ativos do mundo (imóveis norte-americanos) sem possuir ou manter esses ativos — permitindo que gaste mais na aquisição de clientes em mídias sociais e pesquisas, registrando um maior tráfego na internet que os hotéis. Diferentemente da Uber, o Airbnb está monetizando um ativo não cultivado, e não a necessidade de flexibilidade dos motoristas e sua disposição em aceitar baixos salários sem receber nenhum benefício.

O impacto imediato da pandemia no Airbnb foi uma queda significativa na receita, mas o modelo com poucos ativos significa que os custos dessa empresa disruptiva podem ser variáveis, já que, ao contrário dos hotéis, ela não paga os juros hipotecários, taxas de manutenção e nem os custos dos benefícios dos funcionários. Em resumo, o Airbnb pode se defender, enquanto os hotéis seguem recebendo pancadas. Após uma queda de 67% na receita durante o segundo trimestre, o Airbnb viu mais reservas noturnas nas listagens norte-americanas entre 17 de maio e 3 de junho do que o mesmo período em 2019, e um crescimento semelhante em voos domésticos em todo o mundo.[6] Espera-se que o Airbnb abra seu capital antes do final de 2020, e nós acreditamos que será uma das empresas mais valiosas disponíveis no setor de viagem/hospitalidade. O espaço demanda uma oferta e demanda global (pessoas de todo o mundo reservam lugares para ficar em Austin), e o Airbnb possui isso. Essa é a definição de um fosso econômico.

Brooklinen. Em 2015, um dos meus alunos pediu para que eu investisse em seu negócio. Ele estava sendo abastecido de algodão do Egito, moendo a matéria-prima em Israel e recebendo uma série de lençóis, edredons e travesseiros no Brooklyn por US$79 e vendendo por US$129. A proposta de valor era clara: roupas de cama que custam US$400 em outros lugares por um preço muito menor. Os Fulops, uma equipe composta de marido e mulher, haviam feito pedidos online antes de o algodão ser comprado. Essa é a definição de um bom marketing e uma boa estratégia de negócios — encontrar produtos para seus consumidores em vez de encontrar consumidores para seus produtos (empilhar coisas dentro de uma loja e esperar que as pessoas comprem). Simplificar a cadeia de suprimentos para oferecer um valor melhor em um produto melhor é fundamental. Hoje em dia, a empresa deles, Brooklinen, é lucrativa e foi vendida para a Summit Partners em março de 2020 por um valor múltiplo ao de suas receitas — algo raro para uma varejista. E os lençóis deles são bacanas.

Carnival. Não é disruptiva, mas de qualquer forma é uma empresa para se acompanhar depois do corona. Nos meses anteriores à pandemia, a Carnival estava sendo negociada por US$50 por quota, mas em agosto ela estava abaixo de US$14. E por boas razões: as operações da empresa pararam completamente até, pelo menos, o dia 31 de outubro de 2020. Mas existirá um mundo pós-pandemia, e enquanto continuarmos produzindo idosos, os cruzeiros ficarão bem. O setor de cruzeiros foi o segmento de crescimento mais rápido no mercado de viagens de lazer, com um aumento de 62% na demanda entre 2005 e 2015. E quem está em um cruzeiro quer seguir viagem. Quando isso ainda era uma opção, 92% das pessoas que iam para cruzeiros disseram que reservariam uma cabine durante o próximo período de férias. O que está fortalecendo isso é uma combinação de demografia (mais idosos) e uma proposta de valor clássica: seleção editada. Profissionais iniciantes do marketing acham que as pessoas querem opções. Os consumidores não querem opções, mas uma maior confiança nas opções apresentadas. A escolha é um imposto sobre o tempo e a atenção. Os consumidores querem que outras pessoas façam a pesquisa e curadoria por eles. Você pode tentar vender um melhor itinerário em um navio pelo sudeste da Ásia (hotéis, alimentação, atividades, aviões, trens, carros) ou pode deixar a Carnival resolver isso para você.

As ações receberam um forte golpe e existe a possibilidade da pandemia durar mais tempo do que a Carnival consegue manter a liquidez. Mas, se a empresa sobreviver, as ações triplicam, fazendo disso uma interessante troca entre o cíclico e o estrutural. A destruição da demanda no setor de cruzeiros é cíclica, enquanto a destruição nas viagens aéreas ou na clientela de restaurantes é possivelmente estrutural, já que continuaremos em casa por mais algum tempo.

Lemonade. A grande empresa disruptiva de 2020 (aviso legal: eu sou um investidor). O setor da empresa — seguros — não mudou sua oferta em décadas e conquistou um verdadeiro oceano de desaprovação com seus consumidores. Passar a cadeia de suprimentos para o modo digital acaba com altos custos de distribuição (como os vendedores de seguros) e a empresa está usando inteligência artificial para alcançar melhores taxas de perda (como uma melhor avaliação de risco, por exemplo). As empresas tradicionais não parecem preocupadas, pois a Lemonade ainda é apenas uma pequena operação de seguros fazendo cócegas nos calcanhares dos grandes players. Mas mesmo uma pequena melhoria na experiência do consumidor é uma vantagem e os mercados de capitais fornecerão à Lemonade os recursos para transformar essa vantagem em algo ainda maior.

A Lemonade é atraente para o cérebro — você consegue orçamentos de seguro em questão de minutos. A empresa atende à nossa necessidade por respostas e eficiência de informação, semelhante ao Google. Além disso — por favor, acompanhe meu raciocínio —, dá cobertura à nossa necessidade de procriar. Andar com os "inovadores" é como andar com as crianças descoladas da hora do recreio enquanto você espera que parte desse brilho o torne mais atraente para os outros. E a Lemonade tem um rundle, um relacionamento de receita recorrente com os consumidores, que pagam bônus mensais. Sua simpatia é alta — o CEO incorporou de maneira muito hábil uma missão social que reembolsa reivindicações não gastas para a caridade escolhida pelo consumidor. O resultado é um NPS maior se compararmos com as empresas tradicionais do setor, como a State Farm, Liberty Mutual, Allstate etc. Em junho, eu disse que a IPO da Lemonade seria um "monstro" e ela foi a IPO com melhor desempenho (até a escrita deste livro) de 2020, aumentando de preço logo antes de ser lançada e ainda aumentando 140% nos primeiros dois dias de negociação.[7]

Netflix. Streaming de vídeos durante uma pandemia é uma posição confortável. O espaço atraiu um investimento gradualmente maior que rivaliza com o orçamento de defesa dos países no G7. Mas a Netflix fez investimentos igualmente impressionantes ao longo da última década. A empresa de streaming de vídeos conseguiu algo que apenas a Amazon alcançou nos anos recentes: primeiro, ela atingiu um custo de capital quase nulo por meio de um storytelling incrível, então mantiveram esse superpoder enquanto migravam de uma história de crescimento para uma história de margens. Isso é muito difícil. É relativamente fácil conseguir um capital superbarato quando você está crescendo como uma erva daninha. O desafio é quando seu crescimento alcança um ápice e os mercados de capitais começam a olhar para o fundo da declaração fiscal da empresa.

A Netflix utilizou esse capital não só para construir sua própria infraestrutura de streaming (o que já impressiona muito), mas para reformular o que é o "valor" no entretenimento: para cada dólar gasto por mês, o consumidor recebe 1 bilhão de dólares em conteúdo. Um ingresso de cinema de US$10 para um filme de US$10 milhões lhe rende apenas US$10 milhões por dólar e você só pode acessar esse valor por duas horas. A Netflix oferece cem vezes esse valor com um acesso sob demanda em um cinema que capturou mais investimento de capital e inovação que qualquer outra rede de cinema: sua sala de estar.

É improvável que você assista 1% do que está disponível (observação: estou tentando), mas a aplicação predominante de IA (o mecanismo de recomendação da Netflix) traz um coquetel de escala e direcionamento no estilo do Facebook/Google e que faz a empresa de Los Gatos parecer o Herschel Walker da tecnologia — enorme, e mesmo assim rápida. A Netflix inova a respeito da noção de escala melhor do que qualquer outra empresa de conteúdo. Em suas instalações de produção em Madri, a empresa reuniu uma poderosa máquina de conteúdo de 10 mil pessoas. No entanto, o modelo é tal que a Netflix Madri produzirá o conteúdo de uma operação ainda maior. Mesmo enredo, roteirista, fotografia, cenário e design de figurino, mas diversas cenas gravadas com grandes atores de várias regiões produz conteúdo mais relevante de maneira mais rápida. Herschel Walker novamente. A Netflix se livrou da crença narcisista norte-americana de que o mundo quer continuar a ver atores norte-americanos. Não. O mundo quer a escala e o capital barato norte-americano com o talento regionalizado.

Em 2011, eu comprei muitas quotas da Netflix (para um professor) por US$12 cada uma. Essas são as boas notícias. As más notícias: eu vendi por US$10 a quota para absorver o prejuízo fiscal e nunca voltei a comprar. As quotas estão flutuando em aproximadamente US$500 enquanto escrevo este livro. Gostaria de me clonar, encontrar uma máquina do tempo, voltar no tempo e me estapear. Mas já estou mudando de assunto.

Certo, e que tal uma empresa que você provavelmente ainda não ouviu falar?

One Medical. Eu vejo a One Medical como uma empresa disruptiva e que possui muitas das qualidades que sinalizam um potencial para retornos incríveis. Algumas das armas de entrincheiramento em massa na assistência médica (como compliance com a HIPAA) sofreram desgaste graças à necessidade urgente de simplificar a entrega dos serviços de saúde. Assim como o varejo adicionou centenas de bilhões de dólares em valor com a adoção de multichannel, a adoção de smartphones, câmeras e alto-falantes por parte da assistência médica liberará um valor impressionante.

Imagine que você está acampando, seu filho pisa em uma vespa e o pé dele começa a inchar. Imediatamente, você pensa em contatar alguém por telefone — prefere que essa pessoa lhe diga com segurança "Certo, você precisa levantar acampamento e vir até aqui" ou "Calma. Está tudo bem. Lave a área com sabão e então mergulhe o pé dele no lago gelado da montanha que está atrás de você. Amanhã, volte para a cidade e compre esse anti-histamínico, a receita foi enviada eletronicamente para uma farmácia geolocalizada pelo seu smartphone"? Menos custo, mais tempo com a família e maior tranquilidade.

Os aspectos da assistência médica que reconhecem os maiores benefícios da inovação inspirada pela Covid são aqueles nos quais a mudança tem sofrido resistência por meio da inércia. O inovador delivery de serviços é uma dessas áreas. A One Medical oferece uma assistência médica pelos canais aos quais o setor tem resistido — o smartphone, mais especificamente. A tecnologia remove o atrito, os custos e o estigma e aumenta a privacidade.

Peloton. Essa recuperação sobreviverá ao coronavírus. A empresa com uma receita de US$1 bilhão define o Algoritmo T: inicialmente, pensei que a empresa fosse supervalorizada. E então chegou a Covid.

A taxa YOY cresceu 69%. A receita recorrente está no cerne de seu modelo de negócios, e não há nada como uma bicicleta de US$2 mil para fazer uma mensalidade de US$39 parecer razoável. Efeitos (de rede) Benjamin Button estão trabalhando — quanto mais clientes, maiores os benefícios da (fanática) comunidade.

A Peloton está se aproximando de 1 milhão de assinantes conectados, com uma taxa de retenção digna de Netflix/Prime, em 93%,[8] melhores margens que a Apple e um controle vertical sobre sua oferta. Uma vez que ela pode alavancar seus instrutores para muito mais clientes, a Peloton é uma aceleradora de carreira para seus profissionais, os quais ela toma de empresas como a SoulCycle e a Equinox, oferecendo o triplo de compensação, participação na empresa e uma plataforma que oferece exposição a milhares de clientes online.

Apps de Investimento: Public e Robinhood. O setor dos serviços financeiros é um dos que estão prontos para a disrupção, e a pandemia aumentou a atividade de trading de ações pessoais, já que as pessoas estão com mais tempo nas mãos e mais US$1.200 em suas contas bancárias. A Robinhood é o grande nome do setor, e quando apresentou o trading livre de comissões, players bem estabelecidos foram forçados a responder e a abolir as comissões. Isso provavelmente motivou a fusão dos líderes do setor, Charles Schwab e TD Ameritrade. A Robinhood também adicionou o trading de ações fracionárias, permitindo que sua base de usuários (em sua maioria jovens) comprasse ações caras que, de outra forma, não possuiriam. Mais da metade dos usuários do app são investidores de primeira viagem, e a interface é gamificada de forma que encoraja a gastar mais tempo nele. Visuais chamativos, recompensas aleatórias (distintivos, contas correntes de alto rendimento desbloqueadas se você tocar nesse ícone cem vezes etc.), as doses de dopamina de um videogame — ou de um cassino. A empresa personifica a evolução das big techs da inovação (melhores produtos) para a exploração (adolescentes depressivos, gamificação, vício de jovens em recompensas variáveis). Por que não? Funciona para o Facebook. A gamificação é um algoritmo de exploração, assim como o algoritmo de enfurecimento que controla o feed de notícias do Facebook.

A Public está assumindo uma abordagem diferente dos apps de trading de ações fracionárias que possuem um design amigável e nenhuma taxa de comissão (aviso legal: também sou um investidor). Mas a Public vê a si mesma como uma rede social que fornece o trading de ações, além de enfatizar a comunicação entre usuários em fóruns públicos e bate-papos privados. Com escala suficiente, uma rede de usuários conectados se torna um ativo, e um ativo que — em determinada escala — os concorrentes terão dificuldade em superar.

E que tal uma empresa que é puro gogó?

Quibi. O conteúdo mais interessante da Quibi é... a Quibi. Esse é um fiasco que vale a pena ver, uma vez que ele esclarece diversas questões sobre nosso ecossistema. Primeiro, o empreendimento em tecnologia é uma coisa dos jovens (etarista, mas verdadeiro). Uma das forças propagandeadas pela Quibi era a liderança de Meg Whitman e Jeffrey Katzenberg. E por que não? Eles fazem parte do primeiro grupo do Hall da Fama de tecnologia e storytelling, respectivamente. No entanto, até onde eu sei, nunca existiu uma empresa de mídia e tecnologia bem-sucedida que fosse fundada por pessoas em seus sessenta anos. O cérebro jovem é louco e disposto a trabalhar oitenta horas por semana — os jovens pensam que viverão para sempre. Pessoas nos seus 60 anos não são abençoadas nem amaldiçoadas com nenhuma dessas coisas, o que faz delas bons líderes, incríveis mentores e terríveis empreendedores. Segundo, você não pode competir com os Quatro sem um produto dez vezes melhor ou um acesso de capital que encolha as empresas líderes do setor. Tenho certeza de que US$1 bilhão (que aumentou para US$1,75 bilhão) pareceu muito para o veterano de Hollywood, Katzenberg, quando ele embarcou na ideia. No entanto, na Amazon, US$1,75 bilhão é "um dia bom" e a quantia que a Netflix gasta em conteúdo original ao longo de cinco semanas.[9]

Shopify. A Shopify é a empresa de tecnologia mais impressionante da última década, e talvez a mais corajosa. A empresa canadense percebeu o grande espaço vago para se tornar a Amazon anti-Amazon. De maneira similar aos produtos Amazon Pay e FBA (Fulfillment by Amazon), a Shopify fornece um serviço de pagamento e fulfillment para varejistas terceirizados. Diferentemente da Amazon, porém, o CEO da Shopify poderia dizer honestamente para o Congresso que não usa os dados coletados por ele para atualizar as vendas de seus próprios produtos. A Shopify causa uma disrupção na Amazon ao oferecer aos clientes os serviços e valores da Amazon sem a exploração de dados e de marca. O resultado disso? Uma capitalização de mercado de US$131 bilhões, subindo seis vezes desde o começo de 2019. A Shopify superou as ações da Amazon ao longo do ano de 2020 (+250% vs. +72%).

Spotify. O Spotify gaba-se de seu alcance global, diferencial de produto e simpatia. A empresa não possui uma integração vertical e, por conta disso, é constantemente golpeada pela Apple, que recebe 30% de comissão do App Store. Em 2018, eu previ que a ação dobraria de preço em doze meses. Eu errei, levou trinta meses. Mas o Spotify ainda possui todos os fundamentos de uma empresa com um potencial para alcançar 1 trilhão de dólares. Ele possui uma renda recorrente e um produto Benjamin Button — ele envelhece ao contrário e ganha valor com o tempo e com o uso, em vez de perder valor.

Mas, mesmo com esses ativos, as ações do Spotify não alcançaram as big techs, chegando a uma capitalização de mercado de US$47 bilhões. O que está prendendo a empresa sueca? A Apple Music. A gigante de Cupertino possui metade dos assinantes e uma pontuação NPS inferior. Mas a maioria das músicas disponíveis no Spotify também estão disponíveis na Apple Music, e ela possui uma vantagem crucial — é vertical, controlando a própria distribuição.

A jogada de gângster? Uma fusão entre Netflix e Spotify e, em seguida, a aquisição da Sonos, para conseguir a integração vertical. As duas famílias mafiosas de assinatura de mídia se consolidando para controlar vídeo e música. Gângster. Elas adquirem a Sonos e estabelecem uma base vertical de dispositivos nas casas mais abastadas dos Estados Unidos.

Tesla. Atrativa ao instinto humano: a Tesla possui diversos diferenciais — a visão e o storytelling de Elon Musk combinados com um produto tangivelmente superior deram à empresa um capital por um custo que prejudica as outras fabricantes de automóveis, uma vez que elas não podem fazer os mesmos investimentos de longo prazo que a empresa da cidade de Alameda. Enquanto a Ford usa comerciais em reprises da NFL no canal TNT, Elon tem astronautas da NASA dirigindo um Tesla Model X até a plataforma de lançamento, onde eles embarcarão em uma espaçonave SpaceX Dragon. A empresa também é vertical, vendendo diretamente seus carros.

Alguém sente mesmo falta de ir até uma concessionária? Mas a verdadeira criptonita nas mãos da Tesla é sua grande habilidade de controlar margens irracionais ao apelar para um instinto humano central — procriação. Comprar um Tesla é o grande símbolo de status. A maioria dos produtos indica uma coisa ou outra: "Eu sou rico" ou "Eu tenho consciência". Mas a Tesla oferece aquilo que só a filantropia pode dar... Ambos. Além disso, a empresa afirma: sou um inovador. Estou fora da curva. Dito de outra forma: eu tenho genes importantíssimos para a sobrevivência da espécie, você tem o imperativo biológico de acasalar comigo. E a imagem de bad boy aumenta o apelo de procriação do carro. O advogado tributarista dirigindo um Model S não é um advogado tributarista, é um rebelde visionário.

A Tesla apela à genitália por meio de todos os aspectos de sua estratégia: precificação, produção, marketing e até sua liderança. Elon Musk é um gênio. Eu não respeito muitas de suas escolhas pessoais: manipulação de mercado ("financiamento garantido"), chamar o mergulhador da caverna tailandesa de "pedófilo" e insistir que estava certo e publicar tweets questionando as medidas da Covid. O fundador de uma empresa da qual milhares de famílias dependem deveria ser mais comedido e atento — eu sei, eu sei: "Ok, boomer."

Tenho dito por anos (e estive errado) que a Tesla é supervalorizada. Agora eu prefiro dizer que ela é "completamente valorizada". Isso diminui os e-mails de ódio que recebo. Sim, Musk é um gênio. Sim, a Tesla mudou o mundo para melhor por meio da energia alternativa. Entretanto, no fim das contas, ela está dobrando aço e esse não é um negócio que pode suportar um (verificando minhas anotações) múltiplo de 128 vezes de EBITDA.

Aswath Damodaran, meu colega na Faculdade de Negócios da NYU, apelidado de "Reitor da Avaliação", disse: "Sempre pensei na

Tesla como uma ação baseada em narrativa. É a narrativa que move o preço, não as notícias nem os fundamentos. Se você está negociando ações da Tesla com base em ganhos presumidos ou fluxo de caixa, está negociando pelas razões erradas. As pessoas negociam a Tesla com base no humor e no impulso." A empresa está se beneficiando do fato de a Covid-19 ter um efeito desproporcionalmente negativo nas empresas antigas e que requerem grandes quantias de capital. De certa forma, o vírus limitou a concorrência da Tesla. Isso explica a razão pela qual jovens empresas de carros elétricos estão se saindo melhor que as empresas automobilísticas bem estabelecidas, possuidoras de muitas dívidas e de uma grande intensidade de capital. É exatamente essa a questão — a Tesla está no setor de automóveis, e nesse setor avaliações como essa não fazem sentido. "Pessoas que compram Tesla não são irracionais, mas é uma racionalidade que não me convence", disse o professor Damodaran. "Tesla é uma narrativa inverossímil, mas não impossível. Existe uma história que você pode contar e que justificará um preço de ação de US$1.500, mas não é uma história na qual eu quero apostar."[10]

Twitter. (Aviso legal: eu sou um acionista). Se o Twitter dominasse o espaço ocupado por ele, seria uma empresa de US$100 bilhões (em vez de US$30 bilhões). A plataforma de microblog se tornou uma marca icônica e os batimentos cardíacos globais para nossa era da informação. As únicas empresas com o alcance e influência do Twitter (Tencent, Facebook e Google) registram 17, 24 e 39 vezes sua capitalização de mercado, respectivamente. Isso é vergonhoso e a culpa é da administração. Ou metade da culpa, uma vez que o CEO Jack Dorsey trabalha apenas em meio período. Ou isso o tornaria culpado em dobro?

O Twitter possui muitos lados negativos: contas falsas, trolls financiados pelo departamento central de inteligência russa, algoritmos que promovem conspirações e pseudociência e uma aplicação inconsistente em termos de serviços, para citar alguns dos problemas. Os usuários regularmente se referem a ele como um *hellsite* (site infernal) e a navegação por ele como *doomscrolling* (rolagem da perdição). Mas nada disso é a razão pela qual a empresa não consegue ligar seus motores de lucro. Tudo isso e ainda mais não impediram o Facebook. O problema está no modelo. O Twitter está se agarrando com teimosia a um negócio de publicidade, mas ele não possui a escala nem as ferramentas para competir com o Facebook e o Google. Como resultado disso, a rede possui todos os problemas de estar no campo gratuito/vermelho/Android ao mesmo tempo que não possui as vantagens de escala.

Em dezembro de 2019, eu comprei 330 mil quotas e escrevi uma carta aberta para o quadro de diretores do Twitter, que pode ser encontrada em profgalloway.com/twtr-enough-already [conteúdo em inglês].

Surpresa: não recebi uma resposta. No entanto, alguns meses depois a Elliott Management (um fundo de hedge com US$38 bilhões sob sua administração) me informou que havia essencialmente assinado minha carta com uma caneta de US$2 bilhões e, três semanas mais tarde, receberam três cadeiras no conselho. No mundo do investimento ativista, garantir três cadeiras em três semanas significa que a empresa sabe que não possui uma base firme (veja acima: CEO de meio período). Eu estou aconselhando a Elliott, e meu conselho já foi bem divulgado.

O Twitter precisa seguir o caminho do iOS — cobrar por valor em vez de explorar dados. Ele precisa seguir um modelo de assinatura anual, como descrevi no Capítulo 1. Contas gratuitas até 2 mil seguidores, então uma escala progressiva que começa pequena, mas cresce conforme o usuário passa a ver valor em ter uma grande audiência.

Eu tenho falado para o Twitter fazer isso há meses, quando Jack anunciou um movimento rumo ao modelo de assinaturas em julho de 2020. As ações subiram 4%. Um CEO em tempo integral teria descoberto isso muito antes.

Uber. O transporte de passageiros por aplicativo é o tabaco da gig economy e a batalha mais recente dos senhores feudais contra seus servos nos Estados Unidos. Nós segregamos a maioria dos motoristas não brancos e sem curso superior (3,9 milhões deles) dos funcionários de maioria branca e com curso superior (22 mil deles) na sede, que vai separar, entre seus investidores, o valor da BMW e Ford. Falando nisso, a BMW e a Ford empregam 334 mil pessoas. Com certeza a maioria tem plano de saúde. O salário médio na Ford é de US$26 por hora. Na Uber, esse valor é de US$9 por hora.

Diferentemente da Lyft, que será adquirida por outra empresa ou então fechará as portas, a Uber possui uma marca global e demonstrou o seu flywheel — a Uber Eats. Com a compra da Postmates em julho de 2020, em meio à pandemia, o flywheel fica mais forte. Se a Uber alavancar sua marca formidável, sua cultura de inovação e seu flywheel, poderá valer US$40 bilhões, talvez até US$50 bilhões — uma queda de 50% do seu preço nas vésperas da IPO. Durante a Covid, sua habilidade de custo variável joga em seu favor. A habilidade da Uber de se expandir para além do transporte de passageiros é importante, porque esse é um ramo difícil. Mas mesmo um negócio ruim pode ser um flywheel se você for grande o suficiente e desenvolver um modelo de negócios suficientemente lucrativo. Em contraste com a Lyft, que está tentando fazer do transporte de passageiros um negócio. Ela será comprada, provavelmente em 2021.

A Uber possui um efeito Benjamin Button — quanto mais pessoas usam o algoritmo, melhor ele fica. Quanto mais motoristas, mais baixas as taxas e mais precisos os mapas, as estimativas de tempo e outros aspectos do algoritmo. Em termos de carisma, a Uber tem muito o que consertar depois que o CEO fundador, Travis Kalanick, acabou com a imagem da marca com uma cultura machista que se tornou famosa graças a uma jovem engenheira, Susan Fowler. Jaquetas de couro para todos os funcionários... Exceto mulheres.[11] Dara Khosrowshahi foi uma enorme melhoria e lidou com uma série de crises de maneira resoluta. Em termos de integração vertical, a força da Uber (CapEx mínimo) também é seu ponto fraco, pois ela não possui seus carros nem contratos exclusivos com os motoristas. Muitos, senão a maioria, dos motoristas da Uber também dirigem para a Lyft. O crescimento da Uber tem sido forte. Mesmo que ela não seja lucrativa atualmente, as margens estão melhorando.

Warby Parker. A atual líder do setor (EssilorLuxottica) aumentou os preços sem trazer inovação — colocando em jogo centenas de milhões, talvez até mesmo bilhões de dólares em unearned margins. Apesar de um setor prejudicado (varejo especializado), a Warby será uma rara IPO de varejo em 2021.

A Warby é a menos pior das startups na área do varejo especializado, um setor que tem sido um lugar incrível para fazer suas compras e terrível para investir ou trabalhar. A empresa conta uma grande história que gera um grande RP, como evidenciado pela Casper e pela Away, que precisam pagar por tráfego enquanto a Warby Parker recebe quase 80% de seu tráfego de maneira orgânica. A Warby parece ter o músculo (distribuição vertical, produto com diferencial) e a gordura (acesso a um capital barato) necessários para sobreviver um inverno da Amazon e emergir ainda mais forte.

WeWork. Não, sério. O conceito funciona (coworking), mas precisa ter seu tamanho ajustado. Reestruturar pode ser o caminho para muitos unicórnios com um negócio decente no seu cerne, mas que deram um passo maior que a perna. Eles precisam pensar como o negócio imobiliário que são. Por exemplo, hotéis geralmente são LLCs separadas (equivalentes às nossas sociedades limitadas, ou LTDA), então um hotel pode declarar falência sem derrubar toda a empresa. Inteligente. Se a WeWork conseguir se livrar de seus ativos ruins (o passo um, demitir o fundador, já foi dado), então o coworking terá um brilhante futuro pós-pandemia. Muitos dos que trabalham em escritórios nos Estados Unidos foram libertos deles, mas nem todo mundo quer trabalhar na mesa de sua cozinha. Pode esperar por "Remoto com benefício para coworking" surgindo em cada vez mais descrições de emprego, enquanto empresas limitam drasticamente suas áreas físicas permanentes, dependendo em vez disso de organizações flexíveis de espaços com parceiros, como a WeWork 2.0. A *We* nunca valeu US$47 bilhões, mas ela pode valer mais do que sua avaliação em tempos de Covid.

TikTok. É mais fácil falar sobre o que não acontecerá com o TikTok, em vez de sobre o que acontecerá. Apesar das bravatas no verão de 2020, os chineses não serão intimidados pela gestão Trump a vender barato um ativo global da internet. Por uma razão: a China sempre teve amplos meios de retaliar a ameaça feita por Trump de banir o app. Imagine se o presidente Xi Jinping anunciasse: "O iPhone vai contra os protocolos de segurança chineses. A Apple deve vender suas operações na China, seus direitos de propriedade intelectual e seus acordos de cadeia de suprimentos para uma empresa chinesa dentro de 45 dias." Adeus, recuperação da NASDAQ. Isso sem mencionar que as pessoas *gostam* do TikTok, incluindo alguns eleitores. E, de fato, mesmo enquanto este livro estava sendo enviado para a gráfica, Trump já havia estendido seu prazo de 45 dias para os ativos norte-americanos da TikTok serem vendidos para uma empresa norte-americana para noventa dias. O governo chinês se posicionou para expor o blefe de Trump ao exigir que o TikTok conseguisse a aprovação antes de uma venda para uma empresa estrangeira, e a Microsoft, a adquirente mais provável e lógica, saiu da disputa. Este capítulo da saga provavelmente terá acabado quando você ler este livro, mas, neste exato momento, o melhor que Trump pode esperar é se salvar com uma "parceria" entre Oracle e ByteDance com termos vagos criados para acalmar Pequim, não Washington.*

Enquanto isso, essa agitação foi uma ótima oportunidade para empresas melhorarem o preço de suas ações ao deixar circular rumores sobre o suposto interesse delas na empresa. As ações do Twitter subiram 5%, voltando à posição original quando os investidores fizeram as contas e perceberam que qualquer acordo significaria que a ByteDance estaria efetivamente comprando o Twitter, graças à baixa avaliação da rede social. Às vezes precisamos apreciar essas consequências não esperadas — ao tentar passar o TikTok para uma empresa norte-americana, Trump poderia acabar facilitando a venda do Twitter para uma empresa chinesa. A questão aqui é que o TikTok possui um bom produto. O algoritmo é brilhante em trazer conteúdo novo e relevante, e as ferramentas de criação de conteúdo garantem que exista muito conteúdo a ser lançado. Isso não é algo fácil de ser feito — veja só o Reels, uma (previsível) cópia

---

* N. da T.: a gestão Trump não obteve êxito na reeleição, tendo sido derrotada pela chapa Democrata de Joe Biden e Kamala Harris; portanto, nos parece que a questão relacionada ao eventual banimento do TikTok se encontra encerrada.

barata feita pelo Facebook, e recentemente adicionada ao Instagram. A colunista de cultura da internet do *New York Times,* Taylor Lorenz, testou o Reels durante cinco dias e concluiu: "Posso dizer, definitivamente, que o Reels é o pior recurso que já usei."[12] Grandes produtos encontram seu caminho até grandes negócios, e sendo um produto da Microsoft (e a Redmond, sendo justo, tem conseguido não destruir o Minecraft, o Skype ou o LinkedIn, todas aquisições de grande porte que continuam prosperando) ou não, o TikTok tem um potencial brilhante para o futuro. De maneira similar a essa guerra comercial mal executada, a China não vai ceder primeiro, já que ela costuma ceder com menor frequência — o país pensa em prazos de até cinquenta anos.

Os INVESTIMENTOS DE CAPITAL DE RISCO se recuperaram quase por completo até níveis pré-Covid.[13] Nós estamos em uma lenta revolução tecnológica durante grande parte de nossa vida adulta, mas apenas recentemente a infraestrutura e a tecnologia avançaram até o ponto em que a disrupção em ampla escala que esperamos por décadas começou a balançar as fundações dos maiores setores de consumo da economia. Conforme as oportunidades surgem, os mercados privados estão cheios de capital, os mercados públicos estão sedentos por histórias de crescimento e os potenciais adquirentes possuem bolsos mais fundos do que nunca (embora regulamentações antitrustes possam limitar o fervor pela aquisição das big techs durante algum tempo). Mais uma vez, acredito que a categoria de IPOs de 2020–2021 terá um dos melhores desempenhos dos últimos anos. Os sucessos encobrirão uma desconfortável verdade: alguns dos setores de crescimento mais rápido na nossa economia possuem um financiamento escasso de startups, uma vez que as líderes atuais desses setores não têm sido alvos das mesmas ações regulatórias ou antitruste que as empresas do passado.

Você provavelmente percebeu que uma chave para o sucesso de uma empresa está na inércia dos líderes atuais. Existem poucos setores maiores e mais imóveis que o da educação superior nos Estados Unidos.

[4]

EDUCAÇÃO SUPERIOR

Poucos setores são tão próximos da base da aceleração da Covid quanto o da educação superior. Mesmo antes da pandemia, o negócio de US$700 bilhões (e, só para ficar claro, isso é um negócio) estava pronto para a disrupção. Durante décadas, a educação superior se impôs cada vez mais, e a Covid-19 se mostrará um desafio à altura. O vírus tem sido especialmente duro em setores nos quais os clientes consomem o produto sentando uns ao lado dos outros, como esportes, linhas aéreas, restaurantes, eventos — e, apesar de sua nobre missão, universidades.

Pronto para a Disrupção

O índice de disruptabilidade para a educação superior está extremamente alto. Nos últimos quarenta anos, as mensalidades e taxas cobradas pelas faculdades aumentaram 1.400%. Nos anos 1980 e começo dos anos 1990, eu fui estudante universitário na UCLA por cinco anos e por dois anos na faculdade de negócios da Universidade da Califórnia em Berkeley, pagando um total de US$10 mil em taxas — para todos os sete anos. Hoje em dia, isso não pagaria duas turmas na Stern, faculdade da Universidade de Nova York (US$14 mil).

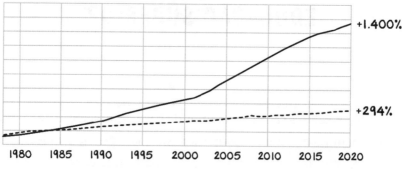

FONTE: SECRETARIA DE ESTATÍSTICAS TRABALHISTAS DOS ESTADOS UNIDOS.

Comparado com isso, até a assistência médica parece uma pechincha. O gasto da assistência médica cresceu "apenas" 600% nesse mesmo período.[1] O que o setor da educação fez com essa extraordinária transferência de riqueza? Não muito. Reclamamos com razão sobre o aumento nos custos da assistência médica, mas, ao ir para um hospital hoje em dia, a tecnologia, os procedimentos e os medicamentos são bem diferentes do que os de 1980. Nosso setor de assistência médica, com um valor de quase US$4 trilhões anuais, fornece treinamento e tecnologia de ponta. Os resultados acompanharam o aumento de preço? Não, mas houve uma inovação substancial.

Nosso setor de ensino superior e seus US$600 bilhões, por outro lado, oferece um produto que, de tão velho, é reconfortante. Vá até uma aula de universidade hoje em dia. A moda é diferente. Existe o PowerPoint em vez das transparências e os jovens usam notebooks e Coca-Cola Diet em vez de blocos de notas e marcadores adesivos. Mas somente isso mudou.

Eu ensino estratégia de marca na Stern School of Business da Universidade de Nova York. Neste outono, no Zoom, a turma teve quase o dobro de seu tamanho normal, com 280 jovens (que eu chamo carinhosamente de alunos). Cada um paga US$7 mil. Isso equivale a US$1,96 milhão no semestre. De maneira conservadora, as margens brutas desse curso são de mais de noventa pontos. Cite outro negócio que, por esse valor, registra uma margem bruta de 90%. Poucos negócios, se é que algum outro, foram capazes de alcançar esses números. Não é o caso da Hermès, da Ferrari nem da Apple.

Sou decente naquilo que faço, às vezes até sou bom. Uma ou duas vezes por semestre faço uma aula online — para que eu possa viajar, mas também para explorar o meio virtual. Eu faço o que posso para manter o engajamento dos alunos, desde imitar estrelas do rock até enviar e-mails destemperados para alunos rudes.[2] Mas, por trás da peruca da Adele,[3] minha turma não é muito diferente das aulas de estratégia de marca que assisti com o professor David Aaker em Berkeley Haas, 28 anos atrás. Eu continuo na frente da sala, ofereço minha sabedoria por três horas e a Universidade de Nova York recebe um cheque. Só que não nessa ordem.

ESCASSEZ

Como meu setor aumentou os preços nessa velocidade sem melhorar o produto? Em algumas instituições de elite, incluindo a

Universidade de Nova York, nós alavancamos a escassez. Mais do que uma estratégia de negócios, isso se tornou um fetiche — acreditar que você é uma marca de luxo em vez de um servidor público. As universidades da Ivy League possuem taxas de aceitação entre 4% e 10%. Um reitor universitário vangloriando-se de rejeitar 90% dos inscritos é a mesma coisa que um abrigo para sem-tetos se orgulhando de rejeitar 90% dos necessitados que chegam todas as noites. E isso não se trata de padrão ou diluição de marca. Em um ensaio explicando sua decisão de parar de conduzir entrevistas de inscrição para sua *alma mater*, Princeton, o jornalista Bryan Walsh comentou: "O segredo das admissões das universidades de elite é que muito mais alunos merecem entrar nas universidades do que aqueles que são aceitos, e não há quase nenhuma diferença discernível entre aqueles que entram e os muitos que ficam de fora." Sustentando o argumento, ele oferece a seguinte declaração do responsável pelas admissões de Princeton: "Poderíamos ter aceitado outras cinco ou seis turmas em Princeton do pool de inscritos."[4]

Então, com uma doação de US$26 bilhões, a pergunta se torna: por que você não aceitaria?

O excesso de demanda alimenta o cartel da educação superior. Centenas de faculdades de artes privadas e liberais que oferecem uma cópia exata da estética de Harvard se aproveitam do aumento de preço das elites (ou 95% das famílias rejeitadas), dando a milhões de famílias de classe média a oportunidade de comprar um Hyundai pelo preço de um Mercedes. Grande parte disso é financiada com um crédito de fácil aquisição, explorando uma crença única norte-americana que se tornou uma escritura sagrada: você pecou como pai, a menos que seu filho vá para a faculdade... A qualquer custo.

Enquanto isso, nas centenas de instituições públicas ao redor do país que educam dois terços de nossos universitários, o aumento das taxas foi alimentado por uma redução do financiamento estadual e federal. Ainda que isso varie de estado para estado, em média, o financiamento público por aluno está menor atualmente do que em 1980. A recessão de 2008 em especial trouxe consigo grandes cortes: entre 2008 e 2013, o financiamento público foi cortado em 22% — e as taxas subiram 27%. Parte disso é nossa culpa. As universidades acolheram pessoas que não se parecem conosco, mas são cada vez mais intolerantes com as pessoas que não pensam como nós. Apenas 1,5% da faculdade de Harvard se identifica como conservadora.[5] O resultado é que cerca de 50% dos funcionários eleitos não estão inclinados a financiar uma ortodoxia progressista.

A dor do corte orçamentário não é distribuída igualmente. No estado do Alabama, por exemplo, houve um corte de quase 40% no financiamento de seu sistema universitário durante a recessão, e que nunca foi restaurado.[6] O sistema precisou equilibrar essa diferença com aumento nas taxas e com um recrutamento em peso de alunos fora do estado e até internacionais — alterando profundamente a natureza da instituição e o seu papel na comunidade que ela deveria servir.

ABUNDÂNCIA

Todo esse aumento de preço foi possibilitado pela heroína dos empréstimos estudantis subsidiados pelo governo federal. A dívida estudantil está no valor de US$1,6 trilhão atualmente, mais do que a dívida de cartão de crédito ou de empréstimos para automóveis. Em média, o graduado carregará quase US$30 mil em dívidas de sua possível graduação.

O crédito barato enriqueceu algumas instituições, permitindo que estados cortassem seu apoio a outros, e encheu as novas gerações com grotescas quantidades de dívidas. É um programa que merece seu lugar no Hall da Fama das boas intenções e maus resultados: aumentos nas taxas universitárias fomentados por dívidas e a ascensão de faculdades predatórias que só visam o lucro, com poucas melhorias na qualidade do produto. De maneira geral, o programa fracassou em sua principal missão — a expansão da educação superior entre as pessoas com menos recursos. Na verdade, o fardo da dívida caiu mais pesadamente sobre os ombros daqueles nos estratos econômicos mais baixos, que ficam inadimplentes com uma taxa muito maior que os alunos mais abastados.[7]

SISTEMA DE CASTAS E A IVY LEAGUE

Nós gostamos de dar à educação um patamar de grande niveladora. Mas a verdade é que ela se tornou um sistema de castas, um meio de passar o privilégio para a próxima geração. Claro, permitimos a entrada de alguns jovens notáveis da massa para fingir que somos uma meritocracia, mas, entre admissões legais, desigualdade da escola secundária e esquemas em que você paga para receber benefícios, os ricos estão sendo excessivamente representados em nossas universidades. As crianças abastadas de hoje em dia possuem o dobro de chances de chegar à faculdade do que as crianças pobres, e a chance de irem para uma universidade de elite é mais do que *cinco vezes maior*.[8] Em 38 das 100 melhores universidades dos Estados Unidos, incluindo cinco da Ivy League, existem mais alunos que estão dentro do 1% de maior renda do que alunos que fazem parte dos piores 60%.[9] É possível argumentar que, a essa altura, os programas universitários da Ivy League não são universidades, mas fundos de cobertura que educam os filhos de seus investidores.

Mesmo para os poucos privilegiados, a universidade ainda é um ótimo investimento. Os melhores graduados são lançados em trajetórias de carreira e renda completamente diferentes das do resto do país. Os empregadores mais procurados os contratam; seus departamentos de aconselhamento de carreira retornam suas ligações e, ao conseguirem os empregos, redes de amigos e ex-alunos da universidade preenchem a administração sênior.

FORÇAS DISRUPTIVAS

Logo abaixo da superfície do setor mais disruptivo de todos, diversas tendências têm sido aceleradas. Melhorias tecnológicas nos trouxeram o ensino a distância até o limiar da aceitação do mercado. Uma explosão de interesse no começo dos anos 2000 sobre os MOOCs (cursos maciços, abertos e online) acabou sendo prematura, mas existem muitos outros tubarões indo de encontro à presa. As melhores marcas do setor — Harvard, Yale, Stanford, MIT — têm expandido de forma rápida suas ofertas online. Em Harvard, David

Malan fez do renomado curso introdutório de ciência da computação da universidade um fenômeno internacional, levando-o para o ambiente online sem cobrar taxas. Em 2018, 1.200 alunos se inscreveram no curso da professora Laurie Santos, da Yale, "Psicologia e a Boa Vida", fazendo dele o curso mais popular nos trezentos anos de história da universidade. Mas, quando Santos e a Yale lançaram o curso online gratuitamente, mais de *1 milhão* de pessoas se inscreveram.[10] Vindo de outra origem, a MasterClass trouxe o poder das celebridades e das produções de Hollywood para a educação online. Eu não acho que o modelo deles funcione — Anna Wintour vomitando senso comum não é educação —, mas os valores de produção inspiraram uma melhoria na qualidade do aprendizado online.

Enquanto isso, a crise da dívida estudantil gerou uma ampla reflexão sobre a proposta de valor tradicional das universidades. Bernie Sanders e Elizabeth Warren colocaram a universidade gratuita como o centro de suas plataformas. Por pior que essa ideia possa ser — outra transferência de riqueza dos pobres para os ricos, uma vez que os alunos são, em sua maioria, ricos —, esse é um reconhecimento de que precisamos tornar as universidades mais acessíveis.

A demografia é o destino, e a imagem demográfica do ensino superior é feia. A partir de 2026, a projeção é que o número de graduados na escola secundária caia em 9%.[11] A mudança está chegando. Em 2013, Clayton Christensen, renomado professor da Harvard Business School, previu que a educação online causaria uma disrupção na educação superior tradicional, assim como a energia a vapor tirou os veleiros de cena. Nos próximos dez a quinze anos, escreveu ele, 25% das universidades fechariam as portas.[12] Em 2018, ele aumentou sua previsão para 50%.[13] E isso era antes de qualquer pessoa ouvir falar sobre a Covid-19.

A educação superior resistiu às mudanças. O seu poder sobre nossa imaginação é forte — a visão dos jovens passeando em parques frondosos, mentes pegando fogo com a desafiadora inspiração acadêmica. Sua força de marca é extraordinária. Ninguém oferece US$100 milhões para colocar seu nome ao lado de um prédio no campus do Google. Quase todo político, doador e líderes de escolas de pensamento possuem memórias agradáveis dos anos gastos em uma ou mais dessas instituições, e planeja que seus descendentes possam usufruir dos mesmos benefícios. E com toda a promessa de tecnologia e os riscos do elitismo, o modelo tradicional da educação superior não pode ser replicado facilmente.

E então veio a pandemia. Quase que da noite para o dia, as universidades norte-americanas se esvaziaram e milhões de horas de experiência em sala de aula migraram abruptamente para o modo online. Salas de leitura foram substituídas por quartos de jovens, os parques frondosos ficaram desertos para dar espaço aos quintais de áreas residenciais e caminhadas com distanciamento social. Dificilmente alguém estava preparado para isso, e nosso primeiro passo no aprendizado online foi uma bagunça problemática, deprimente e com um excesso de Zoom. Uma enorme quantidade de pais viu sua educação de US$40 mil por ano ter o pior desempenho possível e ficou desapontada. Os alunos perderam um dos "melhores anos de suas vidas". Após uma temporada de primavera com muita agitação e aulas do Zoom, 75% dos alunos universitários estavam insatisfeitos com o modelo de e-learning,[14] e um em cada seis alunos do último ano da escola secundária estava pensando em trancar a faculdade por um semestre ou um ano.[15]

A Crise Está Sobre Nós

Durante grande parte da primavera e do começo do verão de 2020, ouvimos muitas conversas animadas de lideranças universitárias declarando que a vida no campus voltaria quase ao normal durante o outono. Isso nunca aconteceria. No final de julho os dominós começaram a cair, com uma faculdade atrás da outra anunciando que iniciaria o ano acadêmico de 2020-2021 online — uma inversão do otimismo da primavera para a maioria dessas instituições. Desde grandes universidades estaduais, como a Universidade da Califórnia em Berkeley, até pequenas universidades privadas, como a Universidade Smith, instituições de pesquisa como a Johns Hopkins e as universidades de elite mais ricas, como Harvard, Princeton e Stanford, instituições de todos os tipos aceitaram o inevitável e anunciaram que não ministrariam aulas presenciais até o final de agosto, oferecendo uma residência seriamente limitada no campus. Enquanto a versão norte-americana deste livro era enviada para a gráfica, no final de setembro de 2020, a College Crisis Initiative relatou que 1.302 das 2.958 universidades rastreadas pela agência planejaram uma abertura completa ou parcialmente online no outono de 2020 (um mês antes, esse número era de apenas 835).[16] Apenas 114 universidades planejam um programa completamente presencial. Podemos contar com pelo menos um ano de uma educação superior radicalmente transformada, e grande parte dessa mudança será permanente.

Compreender o efeito da pandemia na educação superior requer uma compreensão da sua proposta de valor. Em troca de tempo e taxas, as universidades oferecerem três componentes de valor: uma *credencial*, uma *educação* e uma *experiência*.

(C + E + EX) / TAXAS

C = Credencial (o caminho em que você é colocado após sua graduação com base na marca/universidade que frequentou)

E = Educação (aprendizagem e afins)

Ex = Experiência (aproveitar a vista, jogos de futebol, se apaixonar)

CHOQUE FISCAL

A pandemia acelerará a mudança na educação superior em duas ondas. Na primeira, que atingirá o setor no final do verão de 2020, muitas instituições experimentarão um choque fiscal. Até mesmo Harvard, com sua taxa de admissão de 4,6% e doações recebidas no valor de US$40 bilhões, prevê uma queda de receita de US$750 milhões para o ano fiscal de 2020 e está pedindo para que os funcionários pensem na possibilidade de antecipar a aposentadoria ou de reduzir a agenda.[17] Dito isso, instituições de elite possuem amortecedores substanciais para esses choques: listas de espera e doações multibilionárias. Para cada estudante que decide tirar um ano sabático ou realiza uma transferência para ficar mais perto de casa, existem outros dez alunos que desejam a vaga. As universidades de elite sobreviverão à tempestade e emergirão ainda mais fortes.

Mas quando os principais centros de ensino preenchem a lacuna de receita gerada pela pandemia ao desenterrarem suas listas de espera, isso exacerba o problema para as universidades de menor prestígio, que enfrentarão o duplo impacto da queda no rendimento (a porcentagem de alunos aceitos que se matriculam), já que alguns desses alunos estão na lista de espera de universidades mais prestigiadas enquanto outros preferem adiar o ingresso. O efeito em cascata alcançará as menores instituições até atingir as que não possuem uma lista de espera. Universidades que já aceitam de 60% a 80% de seus alunos não possuem reserva e precisarão embarcar no outono de 2020 e nos futuros semestres com um número fatal de assentos vazios. Além disso, universidades com baixo rendimento enfrentam outro desafio: as admissões dessas instituições dependem de modelos preditivos complexos sobre quais alunos de fato permanecerão nelas, e é essencial calibrar de forma precisa quais desses alunos necessitarão de assistência financeira. Como disse Kevin Carey, da New America: "A solvência financeira de muitas universidades privadas repousa agora sobre a treliça da probabilidade."[18] Uma mudança de ares na natureza de seu corpo estudantil inutiliza esses modelos e faz com que as universidades corram um risco de tentar fornecer seus serviços para uma classe que não pode pagar por eles.

Em suma, universidades que oferecem uma credencial excepcional ficarão bem. Universidades que oferecem educação sólida por um bom preço também estarão seguras. O sistema da Universidade da Califórnia, que muitos de vocês podem afirmar ser a verdadeira joia do estado, anunciou que será integralmente online. Isso deixa o sistema livre para focar a tecnologia e formatos que entreguem uma melhor experiência online. A Universidade da Califórnia, que formará oito vezes mais alunos que toda a Ivy League este ano, é acelerada por meio da Covid, pois a experiência nunca foi grande parte da equação. A maioria dos alunos viaja de casa para a universidade, e as cifras são muito menores (US$6 mil em taxas estaduais). Logo, sua relação de valor em tempos de corona é muito maior que a de universidades liberais caras e baseadas nas estruturas dos campi.

Os centros de ensino que enfrentam uma ameaça existencial são as universidades que dependem amplamente do aspecto da experiência em sua proposta de valor. Assim como os cinemas e os cruzeiros, que pegam o seu dinheiro para colocar você em espaços compactos e fechados junto a estranhos, universidades que investiram em boas instalações/prédios e dependem das crianças rejeitadas por outras marcas melhores estão em apuros. Universidades que oferecem uma experiência de elite, com um preço de elite, mas sem a credencial, estão prestes a sofrer um acerto de contas.

DELÍRIO

Na primeira metade de 2020, vimos universidades tentando afastar o inevitável ao insistir que continuariam com a educação presencial no campus. Reprojetaram salas de aula, residências e refeitórios para permitir o distanciamento social, reconfiguraram os calendários e estabeleceram protocolos em seus campi — sem dúvida com muito custo e esforço. A Universidade de Purdue, por exemplo, relatou comprar mais de 1,5km de acrílico para montar barreiras em todo o campus. Quem estava vendo tudo isso de fora ficou incrédulo com a ideia de manter milhares de pessoas em seus 20 anos socialmente distantes umas das outras (se isso fosse possível, a espécie teria se extinguido há muito tempo). Um professor de psicologia escrevendo para o *New York Times* chamou os planos de reabertura de "tão surrealmente otimistas que pareciam delirantes".[19]

Defensores do retorno ao campus afirmam que o vírus é uma pequena ameaça para os jovens. Mesmo se isso fosse verdade (não é), a transmissão assintomática é uma das armas do vírus, e os jovens — ativos, móveis, barulhentos — podem ser supertransmissores incríveis. Levá-los de volta ao campus coloca as cidades que abrigam universidades em risco. Muitas não estão preparadas para um pico de infecções. Algumas dessas cidades têm populações permanentes com um número alto de aposentados, atraídos pelos benefícios culturais de uma universidade próxima.[20] Outros grupos de risco incluem os funcionários de cafeterias, equipes de manutenção, seguranças, bibliotecários, barmen, motoristas de táxi, suas esposas e familiares, e qualquer outro desafortunado que tomou a decisão até então coerente de viver em uma cidade nesses moldes. E se (quando) ocorrer um surto, a infraestrutura da assistência médica dessas cidades poderia colapsar em questão de semanas, talvez dias.

CAPACIDADE DA UTI PARA CADA 10 MIL PESSOAS NAS CIDADES UNIVERSITÁRIAS DOS EUA

MÉDIA DOS EUA	3,6
URBANA, ILLINOIS	2,7
LYNCHBURG, VIRGINIA	2,5
BLOOMINGTON, INDIANA	2,1
BINGHAMTON, NOVA YORK	1,8
FORT COLLINS, COLORADO	1,0

FONTE: WASHINGTON POST.

DESESPERO

Por que presidentes universitários colocariam seus alunos, funcionários e vizinhos em risco dessa forma? A triste verdade é que muitos acreditam não ter escolha. A universidade é uma operação cara com uma estrutura de custo relativamente inflexível. Os cargos permanentes dos professores e os contratos sindicais fazem dos maiores custos (corpo docente e salários administrativos) objetos quase imóveis. A maior parte do ensino é realizada por assistentes e professores adjuntos, que recebem salários anêmicos (e alunos da graduação, que trabalham por quase nada) enquanto a aristocracia da educação superior, os professores efetivos, possuem seus salários protegidos pela estabilidade. Além disso, as universidades permitiram um inchaço absurdo dos custos da equipe não relacionada ao ensino — aumentar a quantidade de funcionários é sempre mais fácil que reduzi-la. Após trabalhar na educação superior por duas décadas, acredito que quase toda decisão é tomada com um único objetivo em mente: como aumentar a compensação e diminuir a responsabilidade do corpo docente e de administradores permanentes.

O apoio governamental para a educação também tem diminuído ao longo das gerações. O resultado é que, enquanto algumas universidades gozam de um fluxo de receita decorrente de transferências tecnológicas, hospitais, retornos sobre doações multibilionárias e financiamento público, a grande massa das universidades se tornou dependente das taxas e mensalidades. Se os alunos não voltarem em um determinado semestre, muitas universidades precisarão tomar atitudes drásticas que podem trazer impacto de longo prazo na capacidade das instituições de cumprir suas missões.

Então, em vez de passar o verão de 2020 focando melhorar drasticamente a experiência da educação online (investimento que poderia fornecer um retorno por décadas), a liderança e o corpo docente universitário gastaram milhões de horas e dólares correndo atrás de uma alucinação consensual de que eles poderiam proteger adequadamente seus campi. Quando as infecções por Covid aumentaram ao longo de todo o verão — e quando as universidades começaram a compensar seus cheques —, a ficha caiu e as instituições começaram a se dar conta da realidade.

Pode ser que isso nunca tenha estado na alçada delas. Muitos alunos já haviam decidido que as mudanças necessárias para a vida no campus significavam que a experiência física do campus não valia a pena, tampouco o valor que as universidades cobravam por ela. Em agosto de 2020, um terço dos alunos universitários disseram que não planejavam retornar aos campi, e Harvard relatou que 20% de seus calouros pediram o adiamento de seus ingressos.

As ausências mais importantes serão dos alunos internacionais — os ovos de ouro das universidades de preços altos. Alegamos que permitimos que entrem em virtude da diversidade. Verdade, mas essa não é a principal razão pelo consistente aumento nos jovens que vêm do exterior. Dois terços dos alunos internacionais financiam sua educação com dinheiro estrangeiro. De forma agregada, os alunos internacionais contribuem com quase US$40 bilhões ao ano para a economia norte-americana.[21]

ALUNOS INTERNACIONAIS EM UNIVERSIDADES NORTE-AMERICANAS

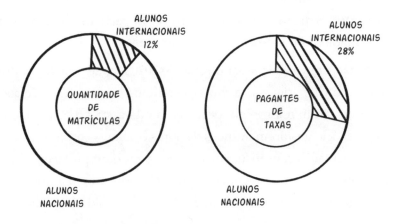

FONTE: BUSINESS INSIDER.

Na Universidade de Nova York, os alunos internacionais correspondem a 27% de nosso corpo estudantil e uma porção descomunal de nosso fluxo de caixa. Uma pandemia, aliada a uma gestão Trump dedicada à demonização dos estrangeiros, incluindo uma grande limitação das perspectivas de trabalho de graduandos altamente habilidosos, pode impactar de forma drástica o número de alunos internacionais se inscrevendo nos anos seguintes. Isso significa que as baleias podem não aparecer nesse outono, nos deixando com as lontras e os pinguins — um enorme buraco fiscal.

CONDENAÇÃO

O resultado? Veremos um massacre das universidades. Assim como os encerramentos de atividades de varejistas estão se acelerando, saindo de 9.500 lojas em 2019[22] para mais de 25 mil em 2020,[23] veremos centenas de universidades seguindo a marcha da morte. Na academia, estivemos predando os sonhos e as esperanças da classe média, oferecendo aos pais uma chance de completar um objetivo importante — dar aos seus filhos uma vida melhor enviando-os à universidade. Também encorajamos esses pais a pegar empréstimos a partir de seus planos de aposentadoria e a dar baixa em hipotecas para apoiarem nossa transformação de servidores públicos em marcas de luxo. Isso acabou.

Esse é o efeito de curto prazo. A seriedade desse efeito dependerá de quanto tempo a vacina levará para ser desenvolvida e distribuída. Um semestre de educação online e uma participação reduzida acabará com centenas de universidades. Um ano sem experiência presencial e o poder sobre o preço que ela traz consigo pode fazer com que 10% a 30% das universidades fechem as portas.

A Estrada Adiante

O efeito de longo prazo será uma mudança profunda na forma como a educação superior é prestada nos Estados Unidos. Se lidarem com ela da forma correta, essa mudança incluirá uma abertura radical dos caminhos para o sucesso na carreira, que atualmente são limitados. Se lidarem de maneira insatisfatória, isso pode levar a uma maior transferência de riqueza da classe jovem e trabalhadora para os cofres das big techs, além de uma contínua redução da mobilidade econômica.

O coração da transformação futura da educação superior é a tecnologia. Assim como em muitas outras áreas, a pandemia forçou o setor a adotar uma tecnologia de distanciamento à qual a administração e o corpo docente têm resistido. A experiência que obtivemos nesse período acelerará essa adoção.

Com certeza, as fases iniciais não foram nada agradáveis. Simplesmente pegar um curso universitário e colocá-lo no Zoom é um e-learning em sua noção mais rudimentar, e os estudantes sentem-se, previsivelmente, insatisfeitos. Isso vai mudar. As universidades estão realizando programas de treinamento com seu corpo docente, ensinando-o como usar as ferramentas disponíveis, como reestruturar suas aulas e como migrar para o ambiente online.

Existem algumas coisas simples que eu aprendi e que são essenciais. Sem o poder da presença física, você precisa ser muito mais animado, balançar os braços, levantar sua voz, mudar sua entonação e seu ritmo. Precisa se ver nos rostos de seus alunos, pedir para que liguem suas câmeras. Você precisa constantemente fazer com que interajam e aproveitar a oportunidade para conseguir melhores palestrantes convidados, pois o trajeto até a aula é muito mais fácil (Zoom vs. ir até a universidade). Acabar com a monotonia de uma cabeça falante é essencial — aprenda como usar a função de compartilhamento de tela e prepare gráficos e ilustrações para expressar informações de novas formas, prendendo a atenção de seus alunos. Um bom modelo a ser seguido é o da congressista Katie Porter e o seu uso de pequenos quadros brancos em suas falas no Congresso.

Programas online oferecem oportunidades muito além da aula em si. Comunicações assíncronas, por meio de fóruns de mensagens e documentos de grupo, fornecem aos alunos (e aos instrutores) uma flexibilidade de agenda que não existe nas aulas presenciais. As discussões presenciais são um campo minado de desigualdade (pesquisas mostram rotineiramente que os homens dominam as discussões das turmas e que os instrutores são coniventes com isso). Levar a discussão até o âmbito online não é uma panaceia (internet de alta velocidade, um notebook e um lugar silencioso para trabalhar não são coisas que todo mundo possui), mas abre a possibilidade de atrair os alunos de formas que podem ser muito mais eficazes que a discussão tradicional em sala de aula. Novas tecnologias capazes de perceber o potencial da instrução online ao mesmo tempo que reduzem suas desvantagens são enormes oportunidades para empreendedores. No começo da pandemia, aparentemente todos nos Estados Unidos aprenderam sobre o Zoom ao mesmo tempo. A partir de então, espere que empresas como Blackboard e Canvas realizem uma inovação imensa ou sejam substituídas. Existirá uma explosão de novas ferramentas e tecnologias acertando o mercado no primeiro trimestre de 2021, enquanto um tsunami de capital de risco empregado na educação superior começa a criar raízes.

A crise levou a uma adoção de tecnologia por meus colegas ao longo das últimas doze semanas que é muito maior do que a adoção dos últimos vinte anos. Como disse a ex-decana da Universidade de Nova York, Anastasia Crosswhite: "O membro-padrão do corpo docente foi de 'educação online apenas sobre o meu cadáver' para 'não vou pisar em uma sala de aula até haver alguma vacina' dentro de suas semanas." E, quando finalmente alcançamos o espaço online, descobrimos que nossos alunos nos aguardavam, se perguntando por que demoramos tanto. Essa geração vindoura cresceu em meio a telas e se sente confortável com interações online em um nível que a minha geração é incapaz de compreender.

ESCALONAMENTO

Universidades e professores que levarem esse novo meio a sério terão uma grande vantagem ao longo dos próximos anos e seus acionistas colherão os frutos disso. Não somente porque a educação online traz novas oportunidades de aprendizado inexistentes na sala de aula, mas porque faz algo diferente. Ela tem *escalonamento*. A tecnologia crava uma estaca no coração do atrito e das barreiras erguidas por administradores para apoiar o custo extra: a distância. Sendo uma resistência incomum, a adoção tardia da tecnologia por parte da educação superior pode mudar a sociedade.

O escalonamento permitirá que instituições individuais — assim como professores individuais — expandam exponencialmente o seu alcance. Com isso, existe um potencial de corrigir uma das maiores desigualdades do último meio século — a escassez artificial da educação de elite. Pelos últimos dez anos, minha turma de outono teve 160 alunos porque essa é a quantidade suportada de pessoas na sala 2-60 da Kaufman Management Center. Este outono, livre das restrições físicas da sala 2-60, minha turma já possui 280 matrículas. O custo adicional de quase dobrar a turma? Minhas estimativas ficam em torno de US$2 a US$3 mil (um aluno monitor a mais para lidar com a correção de atividades).

Mesmo com o aumento na quantidade de graduados qualificados da escola secundária, o punhado de universidades que possui a chave para entrar nos empregos mais influentes e com melhor renda na área dos negócios, da cultura e da administração pública produzia a mesma quantidade de chaves todos os anos. Complementar a torre de marfim com uma oferta online permite a produção em massa dessas chaves. E o aprendizado pela internet, graças à sua flexibilidade, aumenta o potencial educacional e de lucro da educação de meio de carreira. Nenhuma pessoa sensata projetaria um setor que vende seus produtos apenas para pessoas entre 18 e 22 anos quando os mais velhos estão querendo gastar com "experiências" e na manutenção da relevância de suas habilidades. A aprendizagem vitalícia, um modelo de receita recorrente, apresenta uma enorme oportunidade para as universidades retirarem algo do setor privado (Amazon Prime, Netflix) e se transformarem em um modelo de negócios superior. A tecnologia cria escalonamento, e a escala aumenta tanto o acesso (bem social) quanto a receita (combustível necessário).

A ISCA

O escalonamento também é uma isca. Ele atrairá os maiores predadores da selva até um setor que durante muito tempo escapou do seu radar — as big techs. Elas precisam encontrar bilhões de dólares em crescimento de renda bruta todos os anos e, portanto, a parceria com instituições educacionais é uma expansão óbvia. Isso aumentará ainda mais o abismo entre os que têm posses e os que não têm, uma vez que instituições de elite terão a força da marca para atrair o investimento das big techs no capital intelectual e infraestrutura técnica necessários.

As startups da área de educação atrairão um capital barato e buscarão a oportunidade que a pandemia acelerou e expandiu. A Covid-19 pode se tornar para a educação superior nos Estados Unidos o que o SARS foi para o e-commerce na Ásia (a Alibaba adentrou no espaço de consumo).

A jogada de principiante é acreditar que os MOOCs ou que as startups de educação sozinhas serão as grandes vencedoras (pesquisas por "MasterClass" eclipsaram os termos "faculdade de negócios"). Não serão. Por que o MasterClass não será um negócio disruptivo em longo prazo? Porque MasterClass é uma porcaria. Os jovens não ganham valor aprendendo com celebridades, mas com professores que podem lhes dar as habilidades para se tornarem celebridades.

Em cada universidade, existem de seis a doze professores "badalados", incríveis, que valem a pena. Os professores badalados, livres das limitações geográficas do campus e da marca-mãe, terão um aumento de três a dez vezes em suas remunerações ao longo da próxima década. Administradores nas dez principais universidades que possuem habilidades para se tornarem gerentes de produto também terão um aumento em suas remunerações. Boa parte do resto da academia tradicional passará a receber menos.

A segunda maior adição do valor para stakeholders nos negócios, atrás apenas da entrada da Amazon no setor de assistência médica, será a realização de parcerias de grandes empresas de tecnologia (e algumas pequenas) com universidades relevantes para oferecer 80% de um diploma tradicional de quatro anos por apenas 50% do preço. Esse é o grande coquetel das marcas analógicas de consumo de maior crescimento na história (Southwest Airlines, Old Navy etc.). O MIT e o Google poderiam criar em conjunto cursos de dois anos na área de ensino STEM (sigla em inglês para Ciências,

Tecnologia, Engenharia e Matemática). O mito/mágica dos campi e da geografia não é mais um fator limitante — a maioria dos programas se tornarão híbridos em breve, aumentando drasticamente a matrícula nas melhores marcas. O MIT e o Google poderiam matricular centenas de milhares de alunos pelo valor de US$25 mil anuais em taxas (uma pechincha), gerando US$5 bilhões em programas de dois anos que teriam margens rivalizando com os próprios MIT e Google. E assim com Bocconi/Apple, Carnegie Mellon/Amazon, UCLA/Netflix, Universidade de Washington/Microsoft... você entendeu a ideia.

As universidades são as principais marcas de luxo do mundo, construídas ao longo de séculos, com margens e uma ilusão de escassez que fazem a Hermès parecer banal. Se você não possui a mina (MIT), vai querer vender as picaretas ou o jeans necessário para criar calças duráveis para os mineradores. As universidades aumentarão drasticamente seu gasto em tecnologia e, em muitos casos, terceirizarão programas completos (como a educação continuada da Universidade Duke). Será uma oportunidade enorme para aprimorar de forma substancial ferramentas de ensino com o modelo SaaS, como qualquer um que tenha usado o Blackboard pode atestar.

Por enquanto, a pandemia abriu o campo competitivo para o aprendizado virtual. Apesar do nosso otimismo atual, provavelmente levará mais tempo do que se esperava inicialmente para que seja seguro reunir centenas de pessoas em salas de aulas lotadas, torcer para o time de basquete da universidade ou se amontoar em dormitórios e porões de fraternidades. Nesse ínterim, a experiência universitária será apenas uma sombra do que já foi, com máscaras, distanciamento, delivery, checagem diária de temperatura e poucos dos rituais de passagem tradicionais que as outras gerações experimentaram.

EDUCAÇÃO SUPERIOR NO SÉCULO XXI

Quando deixarmos tudo isso reiniciar e dermos à experiência presencial no campus uma chance de competir com o ambiente virtual, uma geração que cresceu na pandemia poderá não enxergar o mesmo valor na proximidade, que é tão estimada pela minha geração. Quando o vírus finalmente for contido, poderemos ter criado uma microgeração de distanciadores inatos. Mesmo depois do corona e do retorno à proximidade, a eliminação temporária da experiência universitária será catalisadora de uma questão que as famílias norte-americanas tinham medo de perguntar: será que vale a pena? Após um mês de aulas em casa, a maioria dos alunos provavelmente estava desesperada para retornar ao campus. Após um ano sem a experiência universitária "tradicional", muitas pessoas se perguntarão o quanto elas realmente sentem falta daquilo e o valor dessa experiência.

Além disso, a necessidade de repensar como os campi são utilizados e a injeção de ferramentas online na caixa de ferramentas da universidade expandirão a ideia da experiência universitária. Para muitos alunos, essa experiência já é bem diferente. Cerca de 20% dos alunos universitários moram com os pais, e mais da metade não vive em alojamentos universitárias. Vinte e sete por cento dos estudantes em período integral trabalham pelo menos vinte horas semanais. No futuro próximo, universidades buscando uma redução de densidade no campus provavelmente adotarão os calendários rotativos (como módulos de quatro a seis semanas, em vez de períodos de quatro meses). As universidades devem encorajar ou até mesmo exigir que alunos passem um ano ou mais longe do campus, ou devem investir em campi-satélites, como a Universidade de Nova York tem feito em Dubai e em Xangai.

Finalmente, não podemos ignorar que, mesmo entre aqueles que participam da experiência universitária "tradicional" de auditórios, discussões, dormitórios e refeitórios, existem desigualdades e ineficiências. A disrupção é uma oportunidade de melhor servir à comunidade como um todo. Alunos que são mulheres, pessoas não brancas, gays e transgêneros precisaram — e ainda precisam — lutar por um espaço em nossos campi. Não devemos nos surpreender, portanto, quando começarmos a ver que as mulheres são 50% mais propensas a escolher a opção de universidade online que um homem, ou que negros são 50% mais propensos a dizer que se sentem confiantes sobre a qualidade dos cursos online.[24] Simplificando, eles têm menos a perder, uma vez que o status quo era diferente para eles, e, como resultado disso, se beneficiarão ainda mais dessa reflexão sobre a educação superior.

Recomendações

O que precisa acontecer:

- Os Estados Unidos precisam de um Plano Marshall para realizar parcerias entre os estados e aumentar drasticamente o número de vagas nas universidades estaduais ao mesmo tempo que reduz os custos para cursos universitários de até quatro anos. Apenas um terço da população norte-americana possui graduação, e menos de 10% possui algum tipo de pós-graduação.
- Tributar escolas primárias e secundárias do setor privado para fortalecer a educação pública primária e secundária. A educação superior se tornou um sistema de castas, em

grande parte porque os ricos possuem um sistema educacional privado preparando seus filhos para entrarem nas melhores universidades, enquanto as crianças pobres, exceto aquelas que são realmente brilhantes, não podem competir. Deveríamos investir muito mais em nossas escolas primárias e secundárias.

- Doações acima de US$1 bilhão devem ser taxadas se a universidade não gerar vagas para calouros a uma taxa de 1,5 vezes a taxa de crescimento populacional. Harvard, MIT e Yale possuem doações somadas (aproximadamente US$85 bilhões) maiores que o PIB de muitos países latino-americanos. Se uma organização está recebendo dinheiro em uma velocidade maior do que o valor oferecido por ela, então não são instituições sem fins lucrativos, mas um empreendimento privado. A senadora Elizabeth Warren deu aulas na mãe de todas as caves de vinho — Harvard.

- Um reitor de alguma das dez maiores universidades do país precisa ser um traidor da classe e reavaliar o processo de estabilidade de professores, limitando-a para casos em que é verdadeiramente necessária para garantir a liberdade acadêmica, em vez da prerrogativa cara e prejudicial para a inovação que tem se tornado. Isso exigiria remunerações maiores em curto prazo para atrair grandes acadêmicos, mas a produtividade dispararia, uma vez que os acadêmicos perceberiam que o mercado, ainda que seja um árbitro severo, geralmente mostra o que há de melhor nas pessoas quando enfrentam concorrência.

- Precisamos que empresas (como a Apple) aproveitem a melhor oportunidade de negócios em décadas e abra universidades que não cobrem taxas e sejam capazes de alavancar sua marca e sua experiência tecnológica para a criação de programas de certificação (Apple — artes; Google — ciência da computação; e Amazon — logística). O modelo de negócios é virar esse modelo do avesso e cobrar a empresas pelo recrutamento (fazendo os custos dos alunos passarem a ser delas), contornando o cartel que é o credenciamento universitário. Treinamento, certificação, provas e boletins da Apple causariam verdadeiras guerras de lances entre os pós-graduados — o molho secreto de qualquer universidade. Escrevi sobre isso pela primeira vez em 2017,[25] e uma das coisas boas que a pandemia trouxe foi o anúncio do Google, em agosto de 2020, de que a empresa ofereceria cursos de carreira com emissão de certificados, os quais ela e outros empregadores participantes considerariam equivalentes a um diploma de quatro anos naquela área.[26]

- Anos sabáticos devem ser a norma, não a exceção. Um segredo cada vez mais inconveniente sobre a vida no campus é que uma mistura de pais supervigilantes e mídias sociais tornaram muitos jovens de 18 anos inadequados para a universidade. Noventa por cento dos jovens que tiram um ano sabático retornam para as universidades e são mais propensos a concluírem a graduação com melhores notas.

- Precisamos de programas de alistamento nacional. Eu falo mais sobre isso no Capítulo 5, mas, para resumir, deveríamos começar com o Corona Corps e expandir a partir disso. Programas de todos os tipos, desde militar até educacional, fornecem retornos sobre o investimento excelentes, tanto para a nação quanto para aqueles que a servem.[27]

FONTE: YEAROUTGROUP.ORG

- Nós fetichizamos um diploma universitário, mas para muitos ele é desnecessário e extremamente caro. Um diploma em um curso de dois anos em administração, marketing ou área similar é pré-requisito suficiente para muitos trabalhos em escritórios. Programação, UX/UI e gestão de produtos são campos aquecidos que esquentarão ainda mais com o tempo, e programas de certificação, incluindo o da General Assembly e da Lambda School, são uma ótima forma de preparar uma pessoa de qualquer idade nessas áreas em questão de meses. Muitos desenvolvedores front-end também são autodidatas por meio da Khan Academy, do YouTube ou outro recurso gratuito.
- Expandir a variedade e a eficiência dos programas de certificação pode não só retreinar funcionários em setores que estão morrendo, mas pode posicionar um jovem para uma carreira empreendedora e recompensadora. Precisamos de um sistema de treinamento vocacional nacional nos Estados

Unidos, semelhante a programas na Alemanha, onde quatro vezes mais pessoas possuem um treinamento vocacional do que nos EUA. Com um cenário trabalhista e econômico em mudança, programas vocacionais poderiam fornecer uma força de trabalho diferente, com opções e propósitos. Nossa expectativa de vida em queda se deve às mortes em decorrência do desespero (drogas, álcool, suicídio). Muitas delas seriam evitadas se as pessoas tivessem opções de trabalho digno por meio de um treinamento acessível e focado.[28]

Uma coisa que *não* devemos fazer? Universidade gratuita. Esse é um slogan populista e uma má ideia. É apenas mais uma transferência de riqueza do pobre para o rico. Apenas 32% dos norte-americanos vão para a universidade, e o custo não é o que impede os jovens mais brilhantes de qualquer faixa de renda de frequentarem a instituição. Melhore a educação primária e secundária, fortaleça os programas de dois anos, expanda as vagas das melhores universidades e elas se tornarão um motor de mobilidade ascendente — sem deixar para trás os dois terços de pessoas a quem o ensino fundamental serve bem. As universidades precisam ser mais acessíveis, mas não precisamos subsidiar as famílias mais ricas dos Estados Unidos, que enviam 88% de seus filhos para as universidades.

[5]

O BEM COMUM

A pandemia revelou uma geração inteira de más escolhas e acelerou suas consequências. O cenário continua o mesmo: os ricos ficam mais ricos. O custo de poucos possuírem a maior parte dos ganhos não é meramente econômico, ele atinge a base dos Estados Unidos: nossa classe média.

Durante quarenta anos, participamos de uma idolatria bruta de empreendimentos privados e da riqueza gerada por eles, enquanto esvaziamos nossas instituições governamentais e difamamos nossos servidores públicos. Quando o vírus alcançou nosso litoral, encontrou uma sociedade otimizada para o contágio. Considerando nossa riqueza e poder, a atuação dos Estados Unidos sobre o desafio dessa geração tem sido a pior do mundo. Na verdade, nós já estávamos doentes, cheios de comorbidades. Agências governamentais estavam enfraquecidas e a ciência, desacreditada. O individualismo passou a ser apreciado acima de todo o resto, resultando em uma falsa fusão da liberdade com uma falta de dever cívico e uma recusa em tolerar pequenas inconveniências. Nossos músculos do sacrifício coletivo atrofiaram a ponto de se tornarem fracos.

O que receitamos para a pandemia é o mesmo que receitamos para nossa maior doença — uma renovação em grande escala da nossa noção de comunidade. Devemos tirar nosso governo das mãos da classe acionista que o cooptou e pôr um fim no fisiologismo que eles institucionalizaram para proteger as próprias riquezas. Devemos deixar de lado nossa idolatria a inovadores e olhar para a exploração que ela promove. Em resumo, precisamos levar o governo a sério — como uma instituição respeitável, necessária e nobre — para que possamos voltar a levar o capitalismo a sério, como um sistema vibrante, por vezes duro, mas produtivo e capaz de melhorar vidas.

Capitalismo, Nossas Comorbidades e o Coronavírus

O capitalismo, enquanto sistema para produtividade econômica, é único. Ele une nosso interesse pessoal natural ao incentivo do lucro, direcionando nossa criatividade e nossa disciplina rumo à maximização do retorno econômico. Ele nos coloca em uma competição uns contra os outros para gerar mais escolhas e oportunidades para cada um de nós. O mercado perto da minha casa oferece vinte tipos diferentes de queijos, cinquenta tipos de cerveja artesanal e trezentas variedades de vinho. No meu smartphone eu tenho essas opções multiplicadas por dez. Do aeroporto mais próximo, posso viajar para as montanhas do Colorado, para os museus de Paris ou para as praias do Brasil e ainda chegar em casa a tempo de trabalhar na segunda-feira. Meu pai em San Diego pode fazer uma conferência de vídeo com seus netos na Flórida com o smartphone em seu bolso (ele não faz) e, em seguida, ler qualquer romance já escrito ou assistir a qualquer filme já produzido com esse mesmo aparelho.

Existe até mesmo um remédio para a perda de cabelo — um pouco tarde para mim. Essa é uma vida incrível e os espólios do sucesso fazem uma vida de trabalho duro valer a pena. E esse trabalho duro aumenta a concorrência, gerando mais espólios, o que gera mais concorrência e assim por diante.

A chance de participar em um sistema que recompensa inteligência e trabalho duro é um farol para as pessoas trabalhadoras e ambiciosas de todo o mundo. Na Escócia, durante a Grande Depressão, meu pai foi abusado fisicamente pelo pai dele. A mãe dele gastava o dinheiro que ele enviava para casa, fruto de seu serviço na Marinha Real Britânica, em whisky e cigarros. Então, meu pai assumiu um grande risco e se mudou para os Estados Unidos. Minha mãe assumiu um risco parecido, deixando seus dois irmãos mais novos em um orfanato (os pais deles morreram aos 50 e poucos anos) e comprando um bilhete para um navio a vapor. Ela tinha uma maleta e 110 libras que havia escondido nas meias. Por quê? Porque ambos queriam trabalhar até cansar e aplicar esse trabalho na maior plataforma da história, os Estados Unidos. Eles adotaram as normas norte-americanas (trabalho duro, assunção de riscos, consumo e divórcio) e deram ao filho a oportunidade de ensinar a 4.700 jovens adultos, pagar dezenas de milhões em impostos e gerar centenas de empregos (#biscoiteiro).

Esse é o truque do capitalismo. Ao direcionar nossa ambição e energia ao trabalho produtivo, ele transforma o egoísmo em riqueza e valor para os stakeholders. E, finalmente, a riqueza criada por ele se transforma nos espólios necessários para o altruísmo produtivo. Nos aviões, ouvimos que primeiro devemos colocar nossas máscaras de oxigênio antes de ajudar outra pessoa a colocá-la. Essa é a essência do capitalismo — primeiro faça o seu e coloque-se em uma posição na qual possa ajudar os outros. É o egoísmo que, no fim das contas, também beneficiará outros.

O capitalismo alavanca o superpoder da nossa espécie: a cooperação. Em *Sapiens*, Yuval Noah Harari explica que, diferentemente das outras espécies que também realizam cooperação (abelhas, macacos, lobos), o homo sapiens pode cooperar *em escala*, "de formas extremamente flexíveis com uma quantidade incontável de estranhos. É por isso que os sapiens dominam o mundo".[1] Embora nossas motivações possam ser egoístas, as recompensas do capitalismo são o produto de um esforço coordenado ao longo do tempo e espaço entre milhares, talvez até milhões de pessoas. Nas primeiras sociedades capitalistas, máquinas e fábricas permitiram que dezenas, e então centenas, de pessoas combinassem seus esforços em uma única força. A criação de riqueza foi acelerada a níveis desconhecidos na história humana.

Hoje em dia, temos a corporação. Diferentemente de uma fábrica, a corporação é algo intangível que existe apenas em nossas mentes e em um tribunal em Delaware. Ainda assim, ela possui um poder extraordinário. A corporação combina o trabalho físico de milhares de pessoas com sua habilidade organizacional, insights e ideias. Quando as pessoas unem seus esforços, o todo é muito maior que a soma das partes. A corporação capitalista norte-americana é o gerador mais produtivo de riqueza econômica da história.

PARECE ÓTIMO, MAS...

Existem custos e riscos em um sistema construído em cima do egoísmo. O capitalismo, apesar do que nos dizem desde a época Reagan, não é um sistema autorregulador. Ele não torna as pessoas virtuosas nem necessariamente recompensa as virtudes. O professor Harari tempera sua observação de que a cooperação permite aos sapiens "dominar o mundo" com o reconhecimento de que nossos parentes mais próximos, os chimpanzés, que também são capazes de cooperar, mas não em larga escala, "estão presos em zoológicos e laboratórios de pesquisa".

O capitalismo por si só não possui uma bússola moral. Os problemas do capitalismo irrestrito estão ao nosso redor. Existem consequências externas: custos (ou benefícios) de atividades que não são gerados por um agente. A poluição é a consequência externa paradigmática. Agindo por interesse próprio em busca de lucros, a General Motors jogaria o lixo tóxico criado por ela em um rio atrás da fábrica. Isso resultaria em carros mais baratos, mas traria sérias consequências para aqueles que vivem e trabalham rio abaixo. Não estou demonizando a GM. Se ela não se livrar do lixo tóxico da maneira mais barata possível, sua concorrência o fará, fazendo com que a GM feche as portas graças aos carros mais baratos das outras fabricantes. Marx chamou isso de "a lei coercitiva da concorrência" e não existem exceções para os bons samaritanos.

E existem os problemas de desigualdade. Empregadores, proprietários de terras, ricos e monopolistas possuem vantagens consideráveis sobre quem eles contratam ou contra quem concorrem. Esse é um aspecto natural e necessário do capitalismo, cuja premissa básica é a de que os vencedores são recompensados e os perdedores, punidos. Todavia, se for permitido que isso se perpetue, as vantagens conduzem à exploração, às dinastias e à supressão da concorrência. A desigualdade por si só não é imoral, mas a desigualdade persistente é.

Não precisamos imaginar isso — a evidência está arraigada em nossa sociedade. Duzentos anos atrás, construímos uma economia em cima do trabalho escravo de pessoas negras. Hoje em dia, as famílias negras possuem, em média, um décimo da riqueza das famílias brancas.[2] Conforme observamos, em muitas das universidades de elite — passaportes para uma vida melhor —, a maioria dos alunos vem do 1% das famílias com a maior renda, não dos 60% das famílias com a menor renda.[3] Pesquisas sugerem que o fator mais importante para determinar a expectativa de vida norte-americana é o CEP em que a pessoa nasceu.[4]

O PAPEL DO GOVERNO

Como uma sociedade, reconhecemos que os efeitos de longo prazo desses comportamentos empobrecerão a todos nós. Rios mortos eliminam a pesca, estragam fazendas e envenenam nossos corpos. Barreiras de classe impedem que os melhores e mais brilhantes de cada geração alcancem seu potencial total, negando a todos nós os frutos de nosso trabalho. Então nós cooperamos (usamos nosso superpoder) e criamos contrapesos para um mercado desregulado: o governo.

A missão do governo é impedir que a GM continue jogando lixo tóxico no rio. De fato, ao proibir o descarte arbitrário de lixo tóxico, nós *permitimos* que a GM processe o lixo de forma mais consciente, pois removemos a ameaça de um concorrente seguir o caminho mais barato. Nós encorajamos a GM a pensar de maneira crítica sobre como reprojetar os seus processos para criar menos lixo tóxico, e encorajamos empreendedores a abrirem empresas de processamento de lixo e a desenvolverem novos negócios de redução e processamento de lixo. E, com isso, temos uma água mais limpa e segura, benefícios que enriquecem todos nós, incluindo os consumidores da GM.

Da mesma forma, é por meio do governo que garantimos que os vencedores não manipularão o sistema ao seu favor. Regulamos ou desfazemos monopólios para que a concorrência possa florescer.

Tributamos os vencedores para investir no bem comum (educação, transporte e pesquisas) e para nos defendermos de ameaças comuns (violência e desastres urbanos, ameaças à paz, desastres naturais e doenças). Construímos uma rede de seguridade social de modo que, quando empresas venham à falência — parte necessária do sistema —, as mães e os pais que trabalhavam para elas possam alimentar suas famílias.

O argumento libertário, popular no setor de tecnologia atualmente, é que essa forma de regulamentação e redistribuição é ineficiente, que o mercado se regulará sozinho, sem nenhum tipo de intervenção. Se as pessoas valorizam rios limpos, o argumento continua, então não comprarão carros de empresas que poluem. Mas a história e a natureza humana já mostraram que isso não funciona. Ao analisarmos caso a caso, as pessoas quase sempre comprarão a alternativa mais barata. Ninguém quer ver crianças trabalhando dezoito horas por dia em uma fábrica têxtil, mas na loja H&M as blusas de US$10 são uma pechincha imperdível. As compras dos consumidores são propositadamente difíceis de serem rastreadas de volta até os maus agentes. Ninguém quer morrer em um incêndio de hotel, mas, após um longo dia de reuniões, ninguém vai inspecionar o sistema de sprinklers antes de realizar o check-in.

Como espécie, não somos os melhores na tarefa de *atribuição* — relacionar nossas ações individuais com o mundo mais amplo ou pensar em longo prazo. Como consumidores, usamos nosso raciocínio rápido.[5] Por isso, precisamos do governo para desacelerar nosso raciocínio e registrar preocupações morais e de princípios. Manter essas forças em equilíbrio — a energia produtiva do capitalismo e as preocupações comuns do governo — é importante para uma prosperidade de longo prazo.

COMORBIDADES

Em janeiro de 2020, esse equilíbrio passou por um teste inesperado, mas completamente previsível. O fato de termos fracassado no teste de maneira tão espetacular pode ter sido inesperado, mas também era muito previsível. Assim como o próprio vírus, a pandemia acertou com maior força em regiões nas quais as vítimas possuíam comorbidades. A pandemia revelou e acelerou a miríade de erros que temos cometido durante uma geração inteira.

Em prol do corte de impostos, reduzimos a capacidade do governo de servir a comunidade. As doenças matam muito mais pessoas que a guerra — gastamos mais de US$3 *trilhões* todos os anos.[6] Mesmo assim, em 2019, o orçamento do Centro de Controle e Prevenção de Doenças dos EUA [CDC, em inglês] era pouco mais de US$7 bilhões.[7] Isso é menos do que gastamos com o exército em quatro dias. Em janeiro de 2020, a agência governamental castrada que deveria nos proteger de pandemias globais não pôde desenvolver um teste preciso para o coronavírus.

ABANDONADO

Em uma expressão deturpada de nosso excepcionalismo, abandonamos a cooperação e as instituições internacionais. Quando o coronavírus se proliferou na China pela primeira vez, nem a OMS nem o CDC possuíam equipes suficientes em campo para investigar o surto ou realizar alguma ação coordenada com as autoridades chinesas. Quando o vírus saiu da contenção e se espalhou pela Europa, fechamos a fronteira e buscamos bodes expiatórios, ainda que o vírus já estivesse circulando pelo país, indetectável, graças à testagem insuficiente.

Em nome do capitalismo, permitimos que os mais ricos gozem de retornos sobre seu capital, que não sofrem nenhuma tributação, e isolem esses ganhos de qualquer risco. Enquanto a pandemia rasgava nossa economia, jogamos centenas de bilhões de dólares nos cofres das grandes e pequenas corporações, onde esse dinheiro rapidamente seguiu seu caminho, *não* para a mesa de jantar dos desempregados ou dos doentes e debilitados pelo vírus, mas até as contas bancárias da classe acionista. O resultado tem sido um desemprego impressionante, encerramentos de negócios e uma instabilidade econômica, cujo verdadeiro preço ainda levaremos anos para conhecer. Enquanto isso, o segredo sujo dessa pandemia, aquele que não devemos dizer em voz alta, é que os 10% com a melhor posição socioeconômica do país estão vivendo o melhor momento de suas vidas. Apenas com a posse de ações, os ricos estão conseguindo *trilhões* com a pandemia conforme o mercado atinge picos históricos. O mercado reflete nossa crença de que, depois do corona, as maiores e mais bem-sucedidas empresas (de capital aberto) sobreviverão, consolidando o mercado e emergindo ainda mais fortes.

Em nome do individualismo, muitos norte-americanos se recusaram a seguir o pedido por sacrifícios, desde ações sérias, como o cancelamento de eventos e encerramento de negócios, até as coisas mais triviais, como usar uma máscara. Se você quer um símbolo para o quão destruída nossa concepção de comunidade e patriotismo se tornou, esse símbolo é a politização de máscaras. Em nome do patriotismo — um valor que tem suas raízes no sacrifício compartilhado —, milhares de norte-americanos se recusaram a fazer parte até mesmo desse pequeno inconveniente pessoal. As pessoas se recusam porque o pedido vem do governo, o qual não vemos como personificação de nossos melhores instintos e guardião de nosso futuro, mas como um impedimento aos nossos desejos, uma força opressora a ser desprezada e tratada como algo descartável em nome do nosso entretenimento.

Por anos, construímos uma noção do excepcionalismo norte-americano na qual afirmamos não precisar de um governo funcional, fazer sacrifícios, investir em nossas comunidades ou em nosso futuro. Dissemos que não precisamos cooperar com outras nações e que estamos, de alguma forma, imunes às ameaças que caem sobre o resto do mundo. Até janeiro de 2020, havíamos construído uma sociedade, os Estados Unidos, perfeitamente projetada para a propagação e aceleração de uma pandemia — a manifestação de nosso brilhantismo não era mais um governo robusto e rápido, mas uma crença de que nosso brilhantismo seria uma imunidade por si só.

Como chegamos até aqui? Como nos tornamos tão arrogantes?

Capitalismo Ascendente, Socialismo Descendente = Fisiologismo

A alternativa lógica ao capitalismo é o socialismo e, à primeira vista, existem muitas coisas positivas. O socialismo tem suas raízes no altruísmo e no humanismo, buscando construir a comunidade em vez do indivíduo separadamente. Esses são objetivos nobres, mas o sacrifício na produtividade é imenso, sobretudo com os efeitos agravantes do tempo. O capitalismo cria muito mais espólios, então a empatia tem mais com o que trabalhar.

O coquetel tóxico, no entanto, se dá ao combinar o pior de ambos os sistemas. Pelos últimos quarenta anos, fizemos isso nos Estados Unidos. Temos o capitalismo no sentido ascendente. Se você puder gerar valor nesse país, será recompensado com espólios muito além de qualquer coisa já vista na história. Se não puder gerar valor, se nascer na família errada ou se tiver má sorte, provavelmente viverá à margem e pagará caro por seus erros. Uma economia à la *Jogos Vorazes*.

Ao alcançar o cume da riqueza (ou, ainda mais provável, nascer em meio a ele), as circunstâncias mudam. Apesar de nossa retórica sobre responsabilidade pessoal e liberdade, abraçamos o socialismo — tanto no topo quanto na camada inferior. Não toleramos o fracasso aqui, no nosso paraíso socialista. Em vez de deixar as empresas falirem — um recurso essencial do capitalismo —, nós as salvamos. Mas essas recuperações são um crime de ódio contra as gerações futuras, deixando as dívidas para nossos filhos e netos.

Crise após crise, nossas justificativas variam. Após o 11 de Setembro, a justificativa foi a segurança nacional. Em 2008, foi a liquidez e, em 2020, proteger os vulneráveis. Mas nossa resposta é sempre a mesma. Proteger a classe dos acionistas e a classe executiva. Manter essas empresas respirando por aparelhos para que seus donos e gerentes não sofram. Pague por elas com dívidas, um fardo que será carregado pelos contribuintes de classe média e, no final, por nossos filhos. No entanto, a história nos mostra que quase toda recuperação, seja ela da Chrysler, seja do Long-Term Capital Management, só serve para criar um risco moral que resulta em uma falência ainda maior e uma recuperação ainda mais custosa. Nossa recuperação econômica de US$1,5 bilhão da Chrysler em 1979 levou a uma recuperação de US$12,5 bilhões, uma falência e uma venda para a Fiat em 2009. A intervenção de 1998 do Federal Reserve no fiasco do LTCM deu aos bancos de Wall Street a confiança para assumir estratégias ainda mais arriscadas e com consequências muito maiores que emergiriam apenas uma década mais tarde. Todas as vezes nos dizem "isso é diferente, histórico... E requer uma intervenção", afirmando que os contribuintes devem salvar os acionistas.

Mas um mercado em alta durante onze anos também é um evento histórico. *Esse* foi o evento ímpar que acumulou uma riqueza sem precedentes para uma fração da população. E as corporações que se beneficiaram disso não pouparam economias nem mesmo para um dia ruim (que sempre chega) nem repassaram o valor aos funcionários para que eles pudessem construir um amortecedor de riqueza ou investir em projetos de capital que beneficiariam a economia. Em vez disso, derramaram esse dinheiro em dividendos e recompra de ações, aumentando a compensação do setor executivo (de 2017 a 2019, os CEOs da Delta, American, United e Carnival Cruises receberam mais de US$150 milhões de compensação total) e os retornos dos acionistas. Desde os anos 2000, as companhias aéreas dos Estados Unidos declararam falência 66 vezes. Apesar da óbvia vulnerabilidade do setor, conselhos e CEOs das seis maiores companhias aéreas gastaram 96% de seu fluxo de caixa com a recompra de ações. Isso reforçou o preço das ações e da remuneração da administração, mas deixou essas empresas perigosamente expostas a uma crise.

Agora que a crise está diante de nós, esse pequeno grupo de pessoas ricas encontrou o socialismo e já está estendendo as mãos. Essas mãos devem voltar para os seus malditos bolsos.

AS VIRTUDES DO FRACASSO

O fracasso, assim como suas consequências, é uma parte necessária do sistema. A deslocação econômica e as crises possuem custos reais, mas também possuem oportunidades de renovação. Relacionamentos antigos são desfeitos, ativos são liberados e a inovação é exigida. Um incêndio florestal traz vida ao mesmo tempo que a destrói — da mesma forma, agitações econômicas criam luz e ar para que a inovação possa florescer. A epidemia da gripe espanhola em 1918 foi devastadora, mas foi seguida pelos anos 1920, um período de crescimento econômico. Os negócios mais fortes são aqueles que nascem em momentos difíceis. Os salários aumentam após disrupções como uma pandemia — *se* permitirem que os ciclos naturais de disrupção e renovação funcionem.

Deixamos as corporações confundirem as coisas que possuem e as pessoas que empregam. Corporações são apenas abstrações. Elas não alimentam ninguém, não abrigam ninguém, não educam ninguém. Quando uma corporação fracassa, aqueles que arriscaram o seu capital para apoiá-la perdem o seu investimento, mas os trabalhadores ainda são capazes de trabalhar, os ativos permanecem disponíveis e qualquer que seja a necessidade preenchida por aquela corporação continua a existir.

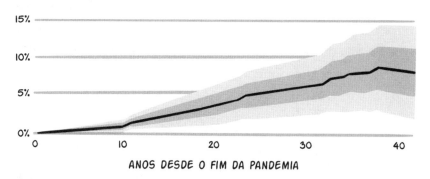

RESPOSTA DOS SALÁRIOS REAIS NA EUROPA APÓS PANDEMIAS ANTERIORES
EM MEIO A 12 PANDEMIAS COM MAIS DE 100 MIL MORTES

FONTE: "LONGER-RUN ECONOMIC CONSEQUENCES OF PANDEMICS", UC DAVIS, MARÇO DE 2020.

Enquanto continuarmos fazendo idosos e pessoas mais jovens continuarem com o desejo de levar seus filhos para o Galaxy's Edge da Disney, existirão cruzeiros e companhias aéreas. Deixem a Carnival e a Delta falirem e os navios e aviões continuarão a navegar e a voar, e ainda haverá um tubo de metal com ar reaproveitado aguardando-o após sofrer xingamentos de Roy Egan, da TSA [Administração de Segurança dos Transportes, em tradução livre — órgão que regula a circulação de pessoas nos Estados Unidos].

Deixar que empresas fracassem e que preços de ações caiam até o nível de mercado dá às gerações mais novas as mesmas oportunidades que nós, da Geração X, e os boomers recebemos: uma chance de comprar a Amazon com cinquenta (e não cem) vezes os ganhos e imóveis no Brooklyn por US$300 (e não US$1.500) por pé quadrado. Como apontou Thomas Piketty, as recuperações de alto crescimento que surgem após os choques econômicos são períodos de um verdadeiro crescimento salarial, enquanto o crescimento lento e regular costuma beneficiar os mais ricos.

Quando o governo entra no ramo de impedir a queda dos perdedores, é possível prever quem estará na frente da fila: as pessoas com o maior poder político — corporações e pessoas ricas. Não é só uma questão dos lobistas, advogados e agentes publicitários deles, embora isso seja uma grande vantagem. Existe algo ainda traiçoeiro: o fisiologismo.

MEU JANTAR COM DARA

Por que "fisiologismo"? Eu escrevo sobre executivos da indústria de tecnologia, mas geralmente me recuso a me encontrar com eles. Em parte por ser introvertido e não gostar de conhecer pessoas novas. Mas também porque a intimidade ocorre pelo contato. Em geral, quando me encontro com alguém, gosto dessa pessoa, sinto empatia por ela e tenho mais dificuldade em ser objetivo sobre suas ações. A maioria dos executivos seniores em empresas bem-sucedidas é muito inteligente, se envolve em trabalhos interessantes, compartilha segredos do setor e chegou aonde está porque, em parte, é boa em lidar com as pessoas. Tenho certeza de que, se conhecesse mais deles, acabaria gostando. É por isso que não o faço. Como Malcolm Gladwell aponta, as pessoas que *não* tiveram contato pessoal com Hitler o entenderam bem. É fácil ser encantado ao se encontrar pessoalmente com alguém, mesmo que seja por uma pessoa tão macabra.

Pouco tempo atrás fui convidado para um jantar "íntimo" com Dara Khosrowshahi, o CEO da Uber. A equipe de relações públicas dele tentava passar pano para a exploração realizada diariamente pela Uber sobre seus 4 milhões de "motoristas parceiros". Recusei o convite. Havia me encontrado com Dara uma vez, anos atrás, quando ele estava na Travelocity e eu estava realizando um pitch sobre eles na empresa que fundei. Ele me pareceu esperto e bem-apessoado. Tenho certeza de que, caso fosse a esse jantar, gostaria dele ainda mais. Quanto mais eu conheço Dara, mais eu gosto dele. E quanto mais eu gosto dele, mais eu deixaria de ver a Uber como uma ficção legal sujeita às duras leis do mercado, mas como a empresa de Dara, embebida nas boas características de Dara.

Eu desejo que os políticos adotem uma política semelhante. É difícil para nossos líderes eleitos não moldarem a política pública ao redor das preocupações e prioridades dos super-ricos quando os poucos abastados têm muito mais acesso a ela. É mais fácil se identificar com quem somos mais parecidos e com quem passa mais tempo conosco. É nossa natureza tribal. Mas esse tipo de acesso está arraigado em nosso sistema. E vai muito além de eventos orquestrados, como meu jantar com Dara. A riqueza média dos senadores democratas é de US$946 mil, enquanto a dos republicanos é de US$1,4 milhão. Eles mandam seus filhos para escolas caras, comem em restaurantes caros, fazem viagens de elite. As pessoas que veem ao redor são sempre executivos da Uber, não motoristas dela. É natural que eles deem aos executivos da Uber o benefício da dúvida e tenham dificuldade em focar a atenção nos motoristas da empresa.

FISIOLOGISMO EM AÇÃO

A resposta do governo federal norte-americano para a pandemia seguiu como esperada. Sob o pretexto de "proteger os mais vulneráveis", entregamos trilhões de dólares nas mãos dos mais poderosos.

O pacote de auxílio de US$2 trilhões que foi aprovado em março de 2020 é um roubo das gerações futuras. A renda pessoal foi 7,3% maior no segundo trimestre com relação ao primeiro trimestre de 2020 devido ao pagamento do benefício e de benefícios extras para desempregados. A taxa de economia pessoal alcançou o valor histórico de 33% em abril, a maior taxa desde que o departamento começou a registrar esses números, nos anos 1960. Esse pacote de auxílio incluía um corte tributário de US$90 bilhões que beneficiou quase exclusivamente as pessoas com uma renda anual acima de US$1 milhão.[8] Quanto mais rico, mais se beneficiou. No começo de agosto, os bilionários dos Estados Unidos haviam aumentado seus patrimônios até um total de US$637 bilhões.[9] Parece, como tem sido o caso por décadas, que a única ação bipartidária é o gasto imprudente que beneficia os ricos ao mesmo tempo em que jogam uma merreca aos mais necessitados para agradar a opinião pública.

Nem todo dólar será desperdiçado. Talvez um terço desse dinheiro irá para quem precisa. Alguns restaurantes locais poderão pagar seus funcionários e reabrir quando a pandemia for controlada. Uma empresa que realiza a manutenção de aviões, uma empresa de estratégia de marca, um chaveiro — essas pessoas não tinham como se preparar para a pandemia e voltarão a pagar impostos e a fornecer seus serviços depois do corona. Esses sucessos serão vistos como evidência do valor do incentivo.

Só que a maior parte do dinheiro que estamos pedindo que nossos filhos abram mão não contribuiu para nada além de achatar a curva para os mais ricos. Os ricos possuem benefícios desproporcionais, com seus relacionamentos preexistentes com bancos fazendo-os furar a fila. Basta observar a recusa da administração pública em revelar quem está recebendo o dinheiro — até passarem as eleições, é claro.[10]

Em vez de deixar as falências acontecerem, nós salvamos a classe acionista, usando um dinheiro roubado da próxima geração. "Estamos nisso juntos", eles nos dizem. Balela. A dura verdade é esta: para os ricos, a pandemia significa menos idas até o trabalho, menos emissões de gases, mais tempo com a família e ainda mais patrimônio (veja anteriormente: os mercados estão alcançando picos históricos).

Fisiologismo e Desigualdade

O valor obsceno de US$2,2 trilhões do pacote de auxílio foi apenas um sintoma de nosso fisiologismo. A falha sistêmica é que o nosso governo não está mais mantendo os vencedores do capitalismo em rédeas curtas. Em vez disso, ele atua como um cúmplice dos seus entrincheiramentos.

Os ricos fizeram um bom trabalho nas últimas décadas, de maneira semelhante a uma supernova. Muito já foi escrito sobre esse assunto, porque os dados são abundantes. Existem números chocantes nos pontos extremos: o 0,01% mais rico agora possui um patrimônio maior que os 80% mais pobres.[11] Os três norte-americanos mais ricos possuem um patrimônio maior do que a soma dos 50% mais pobres. E também há más notícias em uma visão macro: desde 1983, a fatia da riqueza nacional na posse de famílias de classe baixa e média caiu de 39% para 21%, enquanto as famílias de classe alta aumentaram sua fatia de riqueza nacional de 60% para 79%.

Para fins de autopreservação, você pode pensar que os ricos estão preocupados com esse nível de desigualdade de renda. Em algum momento, a metade inferior do mundo de acordo com a renda perceberá que pode duplicar seu patrimônio ao tomar o das oito famílias mais ricas, que possuem mais dinheiro que 3,6 bilhões de pessoas. Aqui nos Estados Unidos, 25% das famílias mais pobres (31 milhões de famílias) possuem um patrimônio líquido médio de apenas US$200.[12] Recentemente, um grupo de manifestantes construiu uma guilhotina do lado de fora da casa de Manhattan de Jeff Bezos, comemorando o fato de sua fortuna ter excedido o valor de US$200 bilhões.

DIVISÃO DO PATRIMÔNIO AGREGADO DOS ESTADOS UNIDOS

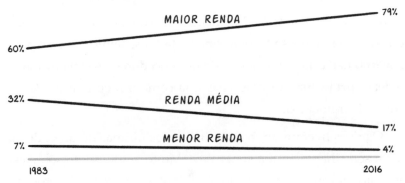

FONTE: ANÁLISE DO PEW RESEARCH CENTER SOBRE A SURVEY OF CONSUMER FINANCES [PESQUISA DE FINANÇAS DO CONSUMIDOR].

Essa tendência piora cada vez mais. No passado, elegíamos líderes que cortavam a parte superior das árvores para que as mudas recebessem a luz do sol. Hoje em dia temos cada vez menos luz solar. Um estudo recente dos dados históricos de imposto de renda concluiu que os super-ricos pagavam uma taxa fiscal de 70% nos anos 1950, 47% nos anos 1980 e apenas 23% atualmente — uma taxa menor que a da classe média. Ao mesmo tempo, os impostos da classe média e baixa permaneceram basicamente os mesmos.

Nós explodimos as dívidas para que os ricos pagassem menos impostos. O dinheiro é a transferência de trabalho e tempo, e nós decidimos que nossas crianças trabalharão mais no futuro, passando menos tempo com suas famílias, para que os ricos possam pagar menos impostos hoje.

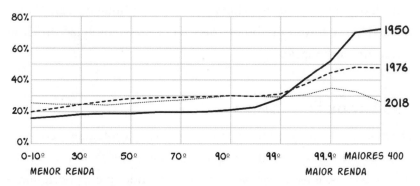

TAXA DE IMPOSTO TOTAL POR PERCENTIL DE RENDA (FEDERAL, ESTADUAL E LOCAL)
1950-2018

FONTE: EMMANUEL SAEZ E GABRIEL ZUGMAN, UC BERKELEY.

Minha experiência pessoal traz um estudo de caso sobre como os ricos mantêm seus ganhos. Quando vendi minha última empresa, a L2, em 2017, paguei uma taxa fiscal de 17% a 18%. Paguei 22,8%

em tributos federais, mas os primeiros US$10 milhões foram isentos de impostos, graças à Seção 1202 do código tributário dos EUA. A Seção 1202 trata de uma redução de impostos para os primeiros acionistas, com o objetivo de encorajar as startups. Só que isso não é nada além de uma transferência de riqueza dos outros contribuintes para os fundadores e investidores de risco. Nenhum empreendedor começa, ou deixa de começar, um empreendimento devido ao código tributário. É preciso um tipo especial de loucura para abrir uma empresa e muito talento, trabalho e sorte para construir algo que você pode vender por milhões de dólares. Essa decisão não tem nenhuma relação com o código tributário. Redução de impostos para os bem-sucedidos é apenas outra forma com a qual aumentamos a desigualdade.

Quando as pessoas alcançam a velocidade da luz, vantagens como essa permitem que essas pessoas desacelerem. Acesso a mais recursos, oportunidades de investimentos, baixos impostos, especialistas tributários, contatos políticos, amigos que podem ajudar seu filho a entrar na universidade, e a roda continua a girar. Nunca foi tão fácil se tornar um bilionário e ao mesmo tempo tão difícil se tornar um milionário.

ANSIEDADE ECONÔMICA

Defensores do livre capitalismo ignoram as vantagens cada vez maiores dos ricos e acreditam que uma maré crescente carrega todos os barcos. Eles descansam em paz sabendo que os norte-americanos da classe trabalhadora podem não ter conseguido a mesma porção de nossa recente prosperidade, mas que suas vidas ficaram, de uma forma ou de outra, melhores do que eram há uma década, uma geração ou um século. Isso é uma compreensão profundamente equivocada sobre a natureza da segurança econômica.

Em 2018, 106 milhões de norte-americanos viviam abaixo do dobro da linha da pobreza do país, o que não é tão legal quanto parece. O dobro do nível de pobreza para uma família de quatro pessoas é uma renda familiar anual de US$51.583.[13] Essa população vem crescendo em uma taxa que equivale a duas vezes o crescimento da população total dos EUA desde os anos 2000. A maioria dessas famílias gasta mais de um terço de sua renda com aluguel. Um terço dessas famílias não possui plano de saúde, apesar de ficar doente ou incapaz em proporções altas.[14] Muitos carregam o fardo de dívidas incontroláveis, o que pode levar até à morte, por desespero. Pessoas que tiram a própria vida são oito vezes mais propensas a terem dívidas antes disso.[15] Para cada aumento de cem pontos no credit score de um norte-americano [equivalente à pontuação do Serasa Experian, no Brasil], a chance dessa pessoa morrer nos próximos três meses cai em 4,4%.[16] Nos Estados Unidos, dinheiro é vida. Literalmente.

A ansiedade econômica foi a trilha sonora da minha infância — um ruído de chiado no pano de fundo. Nós nunca fomos ricos, e, após o divórcio dos meus pais, o estresse econômico se transformou em ansiedade econômica. Essa ansiedade atormentava a mim e minha mãe, sussurrando em nossos ouvidos que não éramos dignos, que fracassamos. Nossa renda familiar era de US$800 por mês quando meus pais se separaram. Minha mãe, secretária, era inteligente e trabalhadora. Logo nossa renda subiu para US$900 mensais, quando ela recebeu dois aumentos — a munição na batalha de nós dois contra o mundo. Eu disse para a minha mãe, quando tinha nove anos, que não precisava de uma babá, porque eu sabia que podíamos aproveitar os adicionais US$8 por semana. Além disso, minha babá era uma fanática religiosa que, quando chegava o caminhão do sorvete, dava trinta centavos para os seus filhos e apenas quinze para mim.

No inverno em que estava com nove anos, eu não tinha um casaco adequado, então lá fomos nós para a Sears. O casaco custou US$33, valor que eu sabia que correspondia a quase um dia de pagamento da minha mãe. Compramos um casaco em um tamanho um pouco maior, porque minha mãe imaginou que eu poderia usá-lo por dois ou três anos. O que ela não levou em consideração é que o seu filho perde coisas. O tempo todo.

Duas semanas depois, esqueci meu casaco na reunião dos escoteiros, mas garanti a ela que o conseguiria de volta na próxima reunião. Não consegui. Dessa vez, fomos para a JCPenney comprar outro casaco. Minha mãe me disse que esse casaco seria meu presente de Natal, já que não poderíamos comprar presentes depois de comprar um segundo casaco. Eu não sei se isso era verdade ou se ela estava tentando me dar uma lição. Provavelmente as duas coisas. De qualquer forma, tentei fingir animação com meu presente antecipado de Natal. Algumas semanas depois, no entanto, eu... perdi o casaco.

Naquele dia, estava sentado em casa depois da escola, aguardando minha mãe chegar e sentindo o golpe que eu desferira em nossa família em sério apuros econômicos. Sim, era só um casaco perdido, mas eu tinha 9 anos. E a questão não é o fato de a minha vida ter sido difícil — não era, não de acordo com qualquer medida razoável. A questão é que era *apenas um casaco*. Mas minha antena de ansiedade econômica já estava tão sintonizada que a perda de um casaco era terrível. Nunca vou esquecer a sensação de terror e de autoaversão que eu senti naquele dia.

"Eu perdi o casaco", disse para ela. "Mas tudo bem. Eu não preciso de um casaco, eu juro." Eu senti vontade de chorar, de gritar mesmo. No entanto, algo pior aconteceu. Minha mãe começou a chorar, se recompôs, cerrou o punho e acertou minha coxa diversas vezes. Era como se ela estivesse tentando argumentar em uma sala de reuniões e a minha coxa fosse a mesa em que ela estava batendo com o punho. Eu não sei se isso foi mais perturbador ou mais estranho. Então ela subiu as escadas até o seu quarto, desceu uma hora depois e nunca mais falou sobre o assunto.

Eu ainda perco coisas. Óculos de sol, cartões de crédito, chaves de quarto de hotéis. Eu nem ando com as minhas chaves de casa, por que faria isso? A diferença é que agora isso é um inconveniente que pode ser facilmente resolvido. A riqueza amortece os pequenos golpes — casacos perdidos, uma conta de eletricidade ignorada, um pneu furado —, enquanto a insegurança os amplia. A ansiedade econômica é como a pressão alta. Está sempre por perto, esperando para transformar uma doença pequena em uma com risco de vida. Na verdade, a ansiedade econômica é literalmente pressão alta: crianças que vivem em famílias de baixa renda possuem uma maior pressão arterial em repouso do que aquelas que vivem em famílias ricas.[17]

O Novo Sistema de Castas

Não é nenhuma novidade destacar que ser rico é bom e ser pobre é ruim. Talvez a ambição e o impulso que alimentam o capitalismo precisem da espora da pobreza para continuar em movimento. Mas a promessa fundamental dos Estados Unidos, ou de qualquer sociedade justa, é que com trabalho duro e talento qualquer um pode subir na vida, saindo da pobreza e rumo à prosperidade. E essa promessa foi quebrada.

Diversos estudos constataram que, nos Estados Unidos atuais, o maior determinante do sucesso econômico de um indivíduo não é talento, trabalho duro nem sorte. O fator mais importante é a quantia de dinheiro dos seus pais. A renda familiar esperada das crianças criadas por famílias no 90º percentil de renda é três vezes maior que a das crianças que nascem no 10º percentil.[18] A mobilidade econômica nos Estados Unidos, sob diversas métricas, está pior — em alguns casos, muito pior — que na Europa e em outros lugares.[19] Quer viver o sonho americano? Mude-se para a Dinamarca.[20]

Esse não é apenas um relato sobre os pobres ou os bilionários. Em todas as camadas, está ficando cada vez mais difícil de subir. Minha primeira casa no bairro de Potrero Hill, em São Francisco, custou US$280 mil. Divida esse valor pelo salário inicial médio de US$100 mil ao sair de uma universidade de negócios em 1992 e você tem como resultado uma proporção de 2,8 no preço da habitação com relação ao salário médio. Atualmente, o salário médio é de US$140 mil. Isso é bastante dinheiro, mas a casa média na Bay Area, em São Francisco, custa agora US$1,4 milhão. Nós saímos de uma proporção de 2,8 para 10. Isso para os supostos vencedores, as pessoas que pensavam que fariam parte da elite. Agora ficou mais difícil.

O resultado disso é uma sociedade na qual há uma prosperidade tremenda, mas pouco progresso. A Declaração de Independência nos promete "vida, liberdade e a busca pela felicidade", mas estudos consecutivos concluem que os norte-americanos têm vidas mais curtas,[21] são menos livres[22] e menos bem-sucedidos na busca pela felicidade[23] que nossa contraparte europeia.

DISNEYLÂNDIA PARTICULAR

Essas desigualdades estão arraigadas no código tributário, no nosso sistema educacional e nos nossos lamentáveis serviços sociais. Agora elas estão se incorporando na nossa cultura.

Quando eu era uma criança e fui para a Disneylândia, havia crianças ricas, de classe média e de classe baixa. Meu melhor amigo era um mórmon que ia para Stanford. Meu outro amigo, de família rica, ia para a universidade Brown. E meu outro amigo, uma criança negra e sem dinheiro algum, que morava em um bairro pobre, estava tentando ir para uma faculdade medíocre no Oregon com uma bolsa de estudos do time de futebol americano. E todos nós vivenciamos a mesma Disneylândia. Pagamos US$9,50 pelos ingressos, todos nós guardamos nossos ingressos "E" e esperamos 45 minutos na fila para os Piratas do Caribe. Todos tivemos experiências semelhantes na Disney.

Mas agora a Disney diz que, para vocês que não têm muito dinheiro, o valor é US$119. Você come um lanche medíocre e aguarda na fila. Para aqueles que têm um pouco mais de dinheiro, é possível pagar US$170 e conseguir algo que chamam de FastPass. Em vez de aguardar uma hora na fila dos Piratas do Caribe, você aguarda apenas dez minutos. E se você se encaixar naquele 1%, é possível fazer um tour VIP. Por US$5 mil, você e seis amigos terão um guia turístico, um almoço em um refeitório especial servido por personagens fantasiados, acesso ao backstage, e você não apenas fura a fila, mas passa pela entrada restrita aos funcionários.

SOBRE A EDUCAÇÃO, MAIS UMA VEZ

Certo, mas a Disneylândia nunca foi criada para ser uma utopia comunista. É a livre iniciativa, não é? Talvez, embora eu pudesse argumentar que deixar crianças ricas esperando em filas na Disneylândia provavelmente traria alguns efeitos saudáveis em seu altruísmo, sua empatia e sua habilidade para lidar com irritações. Mas, se o fato de a Disneylândia assumir um sistema de castas não o incomoda, faça o seguinte: leia esse último trecho de novo, mas substitua todas as menções de "Disneylândia" por "universidade". É a mesma coisa. A educação superior deveria ser o grande elevador, o antídoto para a tendência capitalista ao classicismo. Mas a educação superior nos Estados Unidos converteu-se de lubrificante para a mobilidade ascendente a *executor* de nosso sistema de castas.

O que fez com que minha condição de chorar por um casaco perdido mudasse para o riso quando meu filho perde o dele ("igual ao pai") foi a Universidade da Califórnia. Quando me formei na escola secundária (com uma média de nota de 3,2 — equivalente ao conceito B), a taxa de aceitação na UCLA estava acima de 60%. Mesmo assim, não consegui entrar na minha primeira tentativa, mas um funcionário responsável pelas admissões teve piedade da minha solicitação. Aquele momento de graça, juntamente com a generosidade dos contribuintes da Califórnia que tornaram isso possível, foram a base do meu sucesso. A partir da UCLA, consegui um emprego em Wall Street, e em seguida fui admitido na faculdade de negócios da Universidade da Califórnia em Berkeley. Eu conheci minha primeira esposa na UCLA (ainda somos amigos) e foi a renda dela que me proporcionou a flexibilidade de ser cofundador da Prophet e da Red Envelope. Conheci meu parceiro de negócios em Berkeley, e sem ele nenhuma dessas empresas teria saído do papel. Um dos meus professores em Berkeley, David Aaker, se tornou um mentor, e sua associação com a Prophet abriu as portas iniciais que permitiram nosso sucesso no começo do negócio.

Mais que qualquer outro fator, o acesso a uma educação superior foi o segredo do meu sucesso. As empresas que fundamos geraram mais que US$250 milhões para investidores, funcionários e fundadores. Essas firmas empregam centenas de pessoas — e nenhum dos meus pais frequentou a faculdade, mas os Estados Unidos quiseram que o filho deles frequentasse. Ainda assim, como eu detalho no Capítulo 4, o caminho para sair da ansiedade econômica está ficando cada vez mais íngreme e estreito. Em 2019, a taxa de aceitação da UCLA era 12%. Em outras palavras, está cinco vezes mais difícil ter acesso à mobilidade social ascendente que estava disponível três décadas atrás. Uma sociedade rica deve facilitar, não dificultar, o avanço da próxima geração. Poucos privilegiados estão brincando nos brinquedos do Piratas do Caribe repetidas vezes, enquanto as massas permanecem do lado de fora, sob o sol, esperando uma vez que pode nunca chegar.

PRIVILÉGIO DA RIQUEZA

Não vemos a profundidade do nosso dilema porque acreditamos nos mitos sobre Estados Unidos, meritocracia e sucesso. Pusemos os bilionários em um pedestal e fizemos da riqueza a representação do mérito — e ela deve ser recompensada com... ainda mais riqueza.

Não espere que os ricos impeçam essa tendência. Amamos ouvir que nosso sucesso é produto de nossa própria genialidade. Após servir em sete conselhos de empresas de capital aberto nos setores de consumo, mídia e tecnologia, minha experiência diz que, se você falar para uma pessoa nos seus 30 ou 40 e poucos anos que veste blusas pretas de gola alta que ela é o Steve Jobs, essa pessoa tenderá a acreditar em você.

ESTEREÓTIPO

Existe um estereótipo que diz que as pessoas super-ricas são geralmente babacas. Não são. Minha experiência é que a maioria das pessoas muito bem-sucedidas possui algumas coisas em comum: coragem, sorte, talento e uma tolerância de risco. Claro, existem crianças ricas, mas em geral esse grupo pode ser o que mais trabalha duro em qualquer segmento. Eles recebem um maior retorno (econômico e não econômico), então existem maiores incentivos, mas não tem como evitar — se você planeja ser um bilionário (e não possui pais bilionários), deve planejar trabalhar pelos próximos trinta anos... E não fazer muita coisa além disso. Não estou fetichizando as longas horas de trabalho — os empregos que criam multimilionários são extremamente exigentes. Também descobri que a maioria dos super-ricos são patriotas, generosos e verdadeiramente preocupados com o bem comum. Isso faz sentido, uma vez que ter pessoas torcendo por você pode acabar ajudando a alcançar o pináculo do sucesso.

Mas os ricos não vão se desarmar de maneira unilateral. Assim como todo mundo, esse 0,1% usará suas habilidades e recursos para garantir que suas empresas tenham uma vantagem sobre as outras, que seus filhos tenham vantagens sobre os dos outros, mesmo que isso signifique fazer vista grossa para consequências externas (padrões ambientais, abuso de monopólio, evasão fiscal, depressão entre os jovens). Todos queremos o melhor para nossos filhos e nosso sistema nos dá a opção de pagar por uma melhor educação, por um melhor desenvolvimento cultural e uma maior oportunidade para nossos descendentes. A maioria das pessoas se preocupa com a saúde em longo prazo de nossa sociedade, mas primeiro focamos nós mesmos e nossas famílias.

Juntar sorte e talento é perigoso. O princípio de Pareto afirma que, mesmo se a competência for igualmente distribuída, 80% dos efeitos originam-se de 20% das causas. Conforme fico mais velho, vejo como a sorte teve um papel importante na minha vida — nascer no lugar certo, na hora certa — e como confundi essa sorte com habilidade. Ser um homem branco e alcançar a idade profissional nos anos 1990 foi a melhor arbitragem econômica da história. Os senhores de 54 a 70 anos de hoje em dia viram a Dow Jones subir uma média de 445% nos seus 25–40 anos, principais anos de trabalho dessa geração. Em outras épocas, esse índice dobrava de valor nos melhores cenários.

Esse crescimento significa mais oportunidades — que foram sequestradas para um fator demográfico específico (veja acima: homens brancos). Nos anos 1990, em São Francisco, entre os 34 e 44 anos, levantei mais de US$1 bilhão para minhas startups e campanhas ativistas. Eu não conhecia uma única mulher ou pessoa não branca abaixo dos 40 anos que tivesse conseguido mais de US$10 milhões.

E isso parecia normal. Mesmo hoje em dia, os homens brancos ocupam 65% dos cargos eleitos, apesar de serem apenas 31% da população.[24] Oitenta por cento dos investidores de risco — os guardiões da economia empreendedora — são homens, e a maioria deles é composta de brancos. Não é nenhuma surpresa que CEOs fundadores, de Bill Gates até Steve, Bezos e Zuck, também sejam homens brancos.

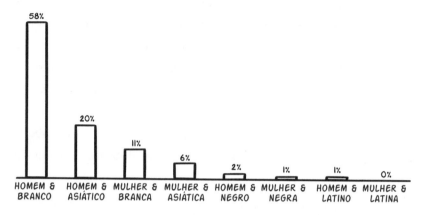

FONTE: RICHARD KERBY.

A dificuldade a respeito da meritocracia — ou o que pensamos ser meritocracia — é que acreditamos que bilionários merecem essa posição e que devemos idolatrá-los. Nossa idolatria de inovadores cega os vencedores para as vantagens estruturais e para a sorte das quais eles se beneficiaram. E isso nos leva a pensar que precisamos apenas de um pouco de sorte para chegar lá também. Sessenta por cento dos norte-americanos acreditam que o sistema econômico favorece os ricos de forma injusta[25] — mas, como observou John Oliver, nós toleramos isso porque pensamos: "Eu vejo claramente que esse jogo está sendo manipulado, o que tornará minha vitória ainda mais prazerosa."[26] Então nos perguntamos por que os veteranos de guerra estão urinando na Market Street e 18% das crianças vivem em famílias em caráter de insegurança alimentar.[27]

Quanto maior for nossa diferença econômica, mais passamos a acreditar que somos diferentes de maneiras mais fundamentais. O comportamento altruísta diminui em tempos de grande desigualdade de renda. Os ricos são mais generosos em períodos de menos desigualdade e menos generosos quando a desigualdade torna-se mais extrema. Michael Lewis afirma: "O problema é causado pela desigualdade em si: ela desencadeia uma reação química nos poucos privilegiados. Mexe com os cérebros deles. Deixa-os menos dispostos a se importarem com qualquer outro que não seja eles mesmos ou a vivenciarem os sentimentos morais necessários para ser um cidadão decente."[28] O privilégio se olha no espelho e enxerga a nobreza. Pessoas financeiramente bem-sucedidas passam a acreditar que alguém que entrega compras por US$14 a hora ou que limpa o vagão do metrô merece o destino econômico que tem. Essas pessoas não são tão inteligentes, boas ou *dignas* quanto o resto de nós.

Pior do que isso, os que não foram abençoados pela circunstância e pela sorte escutam essa mensagem de maneira alta e clara. O insucesso econômico é culpa deles. Essa é a terra da oportunidade, onde qualquer um pode se dar bem, certo? Então o que isso diz sobre quem não consegue fazer isso?

Quando colocamos esse 0,1% sobre um pedestal, nós afastamos professores, assistentes sociais, motoristas de ônibus e trabalhadores rurais do respeito que lhes é devido. Dizemos a eles que são menores, que fracassaram. Que qualquer desvantagem econômica é culpa deles mesmos, é sua herança. Isso não é capitalismo, mas um sistema de castas — e o resultado inevitável do fisiologismo, que necessita desses mitos para entregar o poder para aquele 0,1%.

É por isso que precisamos de um governo forte, para combater a natureza humana, equilibrar o raciocínio rápido e egoísmo com o raciocínio lento e a comunidade. Não precisamos fazer dos ricos ídolos para inspirar a conquista. A riqueza e o sucesso são motivações suficientes. Não estamos vestindo os bilionários como heróis porque eles precisam de um marketing melhor. Fazemos isso porque queremos esconder a verdade — enquanto a inovação ainda acontece e o trabalho duro ainda existe, uma fatia cada vez maior dos espólios não vai para os inovadores, mas para os donos.

CORPORAÇÕES TAMBÉM SÃO PESSOAS (RICAS)

O que está acontecendo em um âmbito individual também acontece no âmbito corporativo. Assim como movimentamos o código tributário em favor da classe acionista, grandes corporações cooptaram agências governamentais que deveriam conter o poder delas.

Por que isso é importante? Porque acaba com a inovação e com o crescimento de empregos. Na época do presidente Carter, fundava-se quase o dobro de empresas todos os dias em comparação com os números atuais.[29] Aquela isenção de US$10 milhões em impostos não criou novas empresas, mas as destruiu. Em mercados dominados por um dos Quatro, investidores de risco iniciais estão cada vez menos interessados em financiar um inseto que será esmagado no para-brisa de um monopólio.

Sem a ameaça de qualquer concorrência significativa, abastecida com um capital barato praticamente infinito e gozando do poder de um flywheel para ganhar vantagem em qualquer setor que entrar, a big tech não é mais motivada pela inovação. Ela possui uma oportunidade muito mais lucrativa: a exploração.

NÚMERO DE CAPITAL SEMENTE POR CATEGORIA
2010-2018

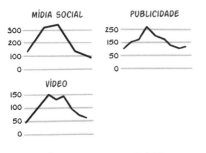

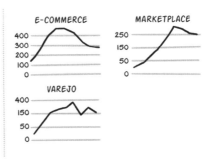

FONTE: ANÁLISE DO BLOG TOM TUNGUZ.

A Economia da Exploração

Na última década, realizamos a transição de uma economia de inovação para uma economia de exploração. A inovação é perigosa e imprevisível. Ela muda dinâmicas do mercado e cria oportunidades para que novos players ágeis possam roubar uma parte do mercado dos players bem estabelecidos. Nada disso é atraente para o líder do mercado. Por que a Apple deveria "pensar diferente" quando a forma como ela está pensando deu aos seus acionistas mais de US$1 trilhão nos últimos doze meses (até agosto de 2020)?

As empresas que aumentaram o valor para os acionistas em centenas de bilhões de dólares em um curto período se aproveitaram da incapacidade de nosso governo e de nossos instintos em acompanhar o ritmo da tecnologia. Do outro lado dos bilhões em valores conquistados para os acionistas pelos cada vez menos numerosos apps de mídia social, de trading ou de transporte de passageiros, estão milhares de jovens deprimidos, interferência eleitoral e uma redução da dignidade do trabalho (corte de plano de saúde e salários abaixo do mínimo).

Empresas dominantes exploram tudo o que tocam, a começar com seus próprios funcionários. A pandemia revelou a conduta da Amazon com seus funcionários "essenciais" nos armazéns. Os trabalhadores se mobilizaram, iniciaram petições e fizeram reclamações internas sobre os riscos de Covid e sobre as condições inseguras. Em resposta, a Amazon... demitiu o funcionário do centro de fulfillment que organizou o protesto.[30]

A Uber descobriu como operar um negócio com uma alta intensidade de ativos sem nenhum ativo. Em vez disso, a empresa joga a responsabilidade de comprar e manter seus ativos nos motoristas parceiros, contra os quais ela luta com unhas e dentes para evitar classificá-los como funcionários, para não precisar oferecer planos de saúde ou salário mínimo. A lei estadual californiana conhecida como California Assembly Bill 5, ou AB5, estende a classificação de funcionário para os freelancers porque, no fim das contas, é o que são. Em resposta, o setor do trabalho informal preparou a Proposition 22, para ser votada em novembro de 2020. A lei, como você deve imaginar, suspende a AB5 e cria uma classificação menos custosa. A campanha "Não para a 22" arrecadou US$811 mil, em grande parte dos grupos trabalhistas. A campanha "Sim para a 22" arrecadou... US$110 milhões.*[31]

O modelo da Uber é brilhante e absurdo. Imagine se a United Airlines dissesse às suas equipes de bordo que, se quisessem fazer o percurso do aeroporto JFK para o aeroporto LAX, precisariam financiar o avião, abastecê-lo e enchê-lo de lanches para então dividir

---

*N. da T.: A Proposition 22 foi aprovada por uma maioria votante de aproximadamente 59%, em 3 de novembro de 2020.

a receita gerada. Alguém pode argumentar que se trata de um simples modelo de franquia. A maioria das franquias paga de 4% a 8% para a matriz — a Uber recebe 20%.

Se existia alguma dúvida de que o negócio da Uber é insustentável em um mundo onde seus motoristas recebem um salário mínimo, essa dúvida desapareceu em agosto, quando a empresa admitiu que precisaria limitar seus serviços para áreas urbanas mais densas caso precisasse classificar seus "motoristas parceiros" como o que são de fato: funcionários.[32]

BENEFÍCIOS PARA ENTREGADORES

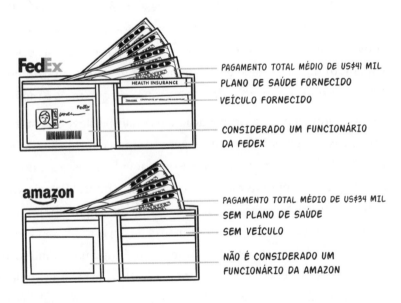

FONTE: GLASSDOOR.

As maiores empresas estão cada vez mais obtendo seus lucros da exploração de outro alvo fértil — seus próprios consumidores. Não existe essa coisa de app gratuito de rede social. Em vez disso, as empresas estão, de forma crescente, usando algoritmos para alavancar nossas fraquezas como espécie. A maioria das doenças e dificuldades da nossa espécie tem se dado em função da escassez — pouco sal, açúcar, gordura, aprovação, segurança e oportunidade para acasalar. Como resultado disso, ao encontrarmos o que está em falta nosso cérebro produz a recompensa definitiva: dopamina, o hormônio do prazer. E isso faz sentido: a natureza recompensa comportamentos que garantem a sobrevivência e a propagação da espécie.

SUPERABUNDÂNCIA

A linha de montagem, o poder de processamento e o Amazon Prime não apenas alcançaram os limites mínimos para a sobrevivência como também criaram uma nova ameaça para a nossa espécie: a superabundância. Diabetes, desigualdade de renda e fake news — tudo isso se dá em função da nossa crença de que mais é melhor.

A sobrevivência, a propagação e o consumo devem resultar em uma próxima geração mais inteligente, rápida e forte. As coisas saírem dos trilhos é um evento que ocorre devido à nossa economia de inovação se mover mais rápido que nossos instintos. Historicamente, os humanos participaram de atividades que possuem sinais naturais de encerramento — acabaram as maçãs na árvore, acabou a cerveja no barril, um capítulo, ou chegaram os créditos finais. Plataformas, incluindo o Facebook, o Instagram e a Netflix, erradicaram de maneira sistemática seus sinais de encerramento — tal qual cassinos, que deliberadamente não possuem cantos, apenas um espaço contínuo para você continuar se movendo rumo à próxima aposta. A Netflix se tornou um programa infinito; o TikTok, um vídeo infinito.

O progresso tecnológico se sobrepondo à calibragem de nossos instintos culmina em uma rolagem de tela sem fim. Somos incapazes de apertar o botão de parar. Diferentemente de nossos pais e avós, a liberação de dopamina já não depende do sacrifício, do engajamento ou da coragem, mas de permanecer parado, já que o episódio 5 de *Killing Eve* vai começar em 3, 2, 1. Existem mais fotos com filtro, mais pornografia, mais valores de ações, mais margens, mais dopamina... Mais tempo sem o incômodo de precisar viver a vida.

Retirar as barreiras é só o começo. A adição de incentivos artificiais, conhecida como gamificação, é o próximo passo. O último setor a descobrir essa forma especial de droga digital são as plataformas de trading online (conhecidas como OTPs, em inglês). Como seria uma rolagem infinita em uma plataforma de trading? Baixe o Robinhood (por sua conta e risco):

- Confetes caem para celebrar as transações
- Interface colorida, digna do Candy Crush
- Gamificação: usuários podem apertar até mil vezes por dia para melhorar sua posição na lista de espera pelo recurso de gestão de dinheiro do Robinhood (basicamente uma conta poupança de alto rendimento no app).[33]

Essa discrepância na modulação fez explodir nossos níveis de depressão entre os jovens e de caos social.[34] Nós estamos em um Supermarine Spitfire, acelerando todos os dias na esperança de que a fuselagem aguente enquanto nos aproximamos da barreira do som — 31 temporadas de *Os Simpsons* em streaming, videogames realistas, pornografia cada vez mais extrema e em números cada vez maiores, vídeos e fotos em alta definição e em tempo real da festa para a qual sua filha de 15 anos não foi convidada, algoritmos de mídias sociais alimentados pela raiva em vez de pela veracidade e aprovação imediata de margens para um "spread de venda otimista".

Testemunhamos o grande custo dessa manipulação em junho de 2020, com o suicídio de um rapaz de vinte anos em Naperville, Illinois, chamado Alex Kearns. Alex estava interessado no mercado e começou a negociar ações no Robinhood. Em seguida, certamente encorajado pela facilidade oferecida pelo app, começou a negociar opções. Então, sem compreender as regras complexas desse negócio especificamente viciante, ele pensou que havia perdido US$730 mil. Sem vislumbrar nenhuma saída, Alex tirou a própria vida.

Os usuários do Robinhood costumam ser jovens (32% dos visitantes estão na faixa etária de 25–34 anos). A empresa relatou a abertura de 3 milhões de contas no primeiro trimestre de 2020. Metade dessas contas eram de traders de primeira viagem.[35] Além disso, com Las Vegas e apostas esportivas praticamente fechadas nos primeiros meses da pandemia, as OTPs se tornaram o lugar onde o emergente vício em aposta pode criar raízes — uma clínica de reabilitação onde o seu padrinho também é um traficante. Quantos desses cheques de US$1.200 foram alavancados e seguiram direto para OTPs?

A maior parte da pressão para proteger as crianças do vício nos dispositivos recai sobre os pais — limitar (seriamente) o uso e fazer com que outros pais na escola façam o mesmo, para que as crianças não se sintam ostracizadas. É algo difícil e que precisa ser feito. Um "jejum eletrônico", talvez para toda a família, pode permitir que o sistema nervoso volte ao normal. Reduzir o seu limite de dopamina faz com que uma quantidade menor do prazer seja satisfatória.

A ameaça do vício tem desacelerado nossa família. Um de nossos filhos demonstra um comportamento consistente com o vício em dispositivos. É assustador. Tudo o que ele faz, fala e realiza é em busca da dose de dopamina que o aguarda em seu iPad. Sua mãe e eu estamos fazendo o que a maior parte dos pais faria — lendo, buscando ajuda externa e limitando o uso. Todavia, mais do que qualquer outra coisa, estamos tentando desacelerar. Passando um tempo com ele, especialmente em ambientes externos ou com livros. Ficando ao lado dele na hora de dormir, contando histórias sobre seu avô se tornando um mergulhador na Marinha Real. Desacelerando tudo. Parece estar funcionando.

Eu vejo Alex Kearns e enxergo meu filho mais velho. Um nerd com um grande sorriso, fascínio pelos mercados e em busca de doses de dopamina. Não consigo imaginar a dor que a família sentiu. Não consigo imaginar como nós perdemos o roteiro, deixando que as coisas relevantes, inovação e dinheiro, superem as coisas profundas, nossos filhos. A taxa de suicídio entre os jovens cresceu 56% em uma década.[36] Meninas entre 10 e 14 anos passaram pelo triplo de episódios autolesivos entre 2009 e 2015.[37] Jovens que estão nas mídias sociais por mais de cinco horas diárias possuem o dobro de chance de ficarem em depressão do que aqueles que passam menos de uma hora.[38]

É de se estranhar que Tim Cook não queira que seu sobrinho esteja nas mídias sociais? Se ele não fosse Tim Cook, também se posicionaria contra o seu sobrinho ter um iPad?

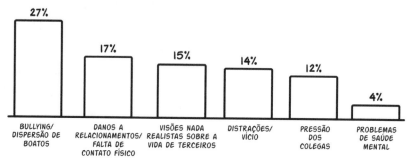

FONTE: PEW RESEARCH CENTER, 2018.

Leve o Governo a Sério

Eu me beneficiei muito dos mercados privados. A liberdade de seguir o otimismo, um pouco de talento nato misturado com muita sorte e trabalho duro renderam um conjunto de experiências profissionais e uma segurança econômica que meus pais podem imaginar, mas não conseguem mensurar. Ao mesmo tempo, o governo me deu mais. A Universidade da Califórnia foi essencial, assim como minhas escolas primária e secundária. Da mesma forma, o império da lei foi importante para manter nossos negócios seguros e nossos contratos válidos. As infraestruturas física e digital sobre as quais esses negócios foram construídos, ambas financiadas pelo governo, também foram importantes.

O governo — assim como a iniciativa privada — pode ser ineficiente e ineficaz. Mas, como aponta o professor de direito de Yale, Daniel Markovits, autor de *The Meritocracy Trap* ["A Armadilha da

Meritocracia", em tradução livre], nosso governo também pode ser incrivelmente *eficiente*. Uma família com uma renda anual de US$60 mil paga cerca de US$10 mil por ano em impostos. Em troca disso, essa família recebe estradas, escolas públicas, proteção ambiental, segurança nacional, corpo de bombeiros e polícia — tente reunir isso como um conjunto de serviços privados e veja quanto vai lhe custar. Essa mesma família paga provavelmente US$3 mil anuais para a Comcast Corporation por televisão a cabo e internet fixa e móvel. A televisão a cabo é uma porcaria e as velocidades de internet nos Estados Unidos são inferiores às de outros países desenvolvidos. Em outras palavras, o governo pode ser bem eficiente quando trabalhamos juntos.[39]

Mesmo assim, ao longo da minha vida, tem sido moda ofender o governo e negar suas contribuições para o bem comum. Primeiramente, durante a revolução de Reagan, era um inimigo, uma força repressiva a ser derrotada. Então paramos de dar a ele o respeito de um adversário digno. Em 2016, a eleição de uma estrela de reality show como presidente foi a realização de uma tendência de longo prazo. Nós pensamos no governo como um produto de entretenimento, como a NFL, só que mais perigoso e que dura o ano inteiro. Nós escolhemos o Time Vermelho ou Time Azul e então assistimos cada um deles causar Mal de Parkinson no oponente.

Nosso desprezo pelo governo se tornou uma estratégia de relações com investidores. No dia 20 de agosto, a empresa de software Palantir enviou documentos financeiros para seus investidores antes da sua planejada IPO. Nos documentos, a empresa afirma que seus fortes laços com contratantes do governo era uma oportunidade, citando as "falhas sistêmicas das instituições governamentais em fornecer as coisas ao povo".[40]

"Acreditamos que o baixo desempenho e a perda de legitimidade de muitas dessas instituições apenas aumentará a velocidade em que precisam mudar", disse a empresa apoiada por Peter Thiel, o rapaz que deu apoio ao Facebook, a empresa que fez mais que qualquer outra para contribuir para essa "perda de legitimidade".

Pense nisso. Apenas as big techs são suficientemente arrogantes para garantir aos investidores que seu maior cliente comprará mais pelo fato de ser totalmente incompetente. Imagine a Accenture dizendo aos investidores que espera um aumento na demanda pelos seus serviços porque o setor corporativo dos Estados Unidos é burro que nem uma porta. É verdade que o governo federal não tem demonstrado competência fiscal. Em 2020, os Estados Unidos estimaram gasto de um terço a mais do que receberam (US$4,8 trilhões vs. US$3,7 trilhões).*[41] No entanto, de acordo com os documentos dos investidores, a Palantir registrou perdas de US$580 milhões em US$743 milhões de receita, o que significa que ela gastou US$1,32 bilhão, ou *dois terços* a mais do que recebeu.

Talvez o Tio Sam devesse estar aconselhando a Palantir.

VOCÊ RECEBE PELO QUE PAGA

Nosso desrespeito é traduzido em nossas prioridades fiscais, e faz de nossa visão sobre o governo uma profecia autorrealizadora. Não pagamos nossos professores o suficiente, nossas escolas sentem o baque e perdemos o respeito pelas escolas públicas. Não pagamos cientistas e pesquisadores governamentais o suficiente (e não escutamos os que contratamos) e os melhores e mais brilhantes decidem ir para o Google ou para a Amazon. Então nós pedimos ao Departamento de Justiça ou à Federal Trade Commission para con-

---

*N. da T.: Segundo o site datalab.usaspending.gov/americas-finance-guide/spending/, o gasto em 2020 foi de US$6,55 trilhões.

ter esses gigantes corporativos, mas deixamos essas agências de mãos atadas, alocando apenas uma fração dos recursos empregados pela iniciativa privada. A Amazon possui mais lobistas de tempo integral em Washington, D. C., do que o número de senadores eleitos nos Estados Unidos.

KITS DE TESTE

A pandemia se banqueteou de nosso desrespeito. O país mais próspero da história foi incapaz de produzir um kit de teste funcional para o coronavírus durante meses. Os cientistas do governo foram marginalizados e o partidarismo jogou o bom senso na lama. O Time Azul odeia o Time Vermelho porque este coloca idosos em risco ao não usar máscaras. O Time Vermelho odeia o Time Azul porque este restringe a liberdade e ameaça a economia com algo que não impactou nenhum dos conhecidos dele. Então, quando o vírus nos sobrepujou, criamos um falho programa de recuperação econômica. Governadores dos estados vermelhos e chanceleres de universidades azuis optaram pela política e pelo dinheiro em detrimento da saúde do país, reabrindo estabelecimentos de maneira prematura.

SOBRE A GENTILEZA DOS BILIONÁRIOS

Se queremos um governo melhor, devemos parar de enviar alunos do ensino fundamental para a NFL. Nossa idolatria pelos ricos nos convence de que precisamos de um "homem de negócios" para "endireitar" Washington. Mas gerir um negócio não é servir em um mandato público e nossos melhores presidentes foram, de maneira nada surpreendente, políticos. Seguidos por líderes militares. Presidentes cuja principal carreira antes da Casa Branca foi na área dos negócios (Harding, Coolidge, Trump) foram notadamente menos bem-sucedidos.

Existem muitas razões para isso. Uma delas é que os negócios nos ensinam a olhar para a vantagem, a não abrir mão de nada sem conseguir algo de volta. Essa é a antítese do governo (e do serviço governamental), cujo propósito é contribuir para o bem comum sem nenhuma recompensa.

Não devemos depender de bilionários para sermos salvos. Quando sua casa está pegando fogo e o cara rico do quarteirão aparece com uma mangueira melhor para apagar o fogo, não significa que precisamos de mais gente rica no quarteirão. Significa que precisamos de mais verbas no corpo de bombeiros.

A filantropia é menos confiável e menos responsável, além de não ter um bom escalonamento. Mesmo assim, durante a pandemia olhamos para Bill Gates para nos dizer o que fazer, pois o Dr. Fauci foi menosprezado. Esperamos que Tim Cook nos dê máscaras, que Elon Musk ofereça respiradores e que Jeff Bezos nos vacine, porque a FEMA e o CDC não estão fazendo isso. Mas basear a sociedade na benevolência irresponsável de bilionários não é uma receita para a prosperidade de longo prazo. É pedir que Pablo Escobar financie a polícia.

DEMOCRACIA: OLHE NO QUE DEU

Como fortalecemos o que controlamos, ou seja, nosso governo?

O que aprendemos ao longo da administração Trump e especialmente ao longo da pandemia é que, em um governo fraco, governantes eleitos possuem um poder maior do que imaginamos, enquanto as instituições possuem menos. Ironicamente, nossa desconsideração nacional por políticos acabou fortalecendo-os, porque permitimos que eles esvaziassem as instituições criadas para fornecer um equilíbrio de longo prazo. Permitimos que *eles* mantivessem-*nos* em rédeas curtas.

As pessoas em geral não são muito boas em planejar com antecedência. Queremos cortes tributários e queremos agora, em detrimento de um meio ambiente mais limpo para nossos filhos daqui a algumas décadas. Nós nos rendemos aos nossos instintos em busca de gratificação imediata.[42]

A democracia pura é populismo (*dêmos* é grego antigo para "cidadãos comuns"). As *inovações* são instituições que desaceleram a democracia e a filtram por meio do legislativo, dos tribunais e das agências reguladoras. A mídia, também, deveria ter um efeito compensatório — especialistas em suas respectivas áreas que possam dizer: "Vamos investigar a questão antes de proibir os imigrantes de certos países, de remover os ursos pardos da lista de espécies em risco de extinção, de adicionar uma pergunta sobre cidadania no censo ou de restringir o acesso ao controle de natalidade apenas porque as pessoas que estão no poder naquele momento acham que isso será uma boa ideia."

VOTO

A coisa mais importante que podemos fazer é também a mais fácil. Votar. Vote em anos sem eleições presidenciais. Vote em eleições locais. Os eleitos estão definindo o governo agora e respondem à demografia da população votante. A pessoa em quem você vota importa muito menos que o mero ato de votar. A questão é sinalizar que você é digno do tempo de um político. Você quer saber por que temos um sistema criado para transferir a riqueza dos jovens para os velhos? Porque os velhos votam. Pessoas acima de 65 anos possuem o dobro de chance de votar do que as abaixo dos 30 anos. E o *demo* em *democracia* funciona bem demais. Os políticos sentem-se inclinados a ouvir até mesmo os idosos que não votaram neles. Você sabe com quem os políticos não se importam? Com todos aqueles que não votam (ou que não doam grandes quantias de dinheiro).

Eu acho que devemos eleger representantes que acreditem no governo, que compreendam a ameaça da concentração do poder privado e que respeitem a ciência. Um amplo eleitorado significa que os representantes devem atender às necessidades de uma comunidade mais ampla.

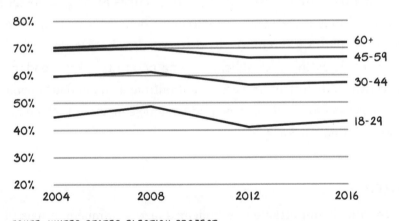

FONTE: UNITED STATES ELECTION PROJECT.

Tragédia dos Comuns

O governo é encarregado de prevenir as tragédias dos comuns, por assim dizer. Enquanto escrevo este livro, em agosto de 2020, a responsabilidade imediata do governo é nos guiar até a saída dessa pandemia. Duvido que essa missão terá mudado quando este livro chegar à gráfica. A história dos erros e das chances perdidas nessa pandemia é lamentavelmente longa, mas jogar a culpa em alguém é função dos historiadores, não de líderes sérios. Estamos encarando uma catástrofe econômica e já gastamos boa parte dos US$3 trilhões sem resolvê-la.

Precisamos proteger pessoas, não empresas. Minha escolha teria sido seguir o modelo alemão. Sob o programa *Kurzarbeit*, os empregadores podem liberar seus funcionários durante a pandemia enquanto o governo assume a responsabilidade de dois terços do salário do profissional. Os funcionários tecnicamente continuam empregados, então poderão retornar facilmente às suas funções quando houver trabalho a ser feito, mas não estão sendo pressionados a trabalhar enquanto não for seguro. Efetivamente, conforme diz o governo, não é preciso se preocupar com alimentação. Você está em uma posição na qual pode se distanciar com segurança e sem colocar sua família em risco. Não é necessário tomar decisões ruins para alimentar sua família. E também não há medo.[43] A felicidade não é apenas sobre aquilo que se tem, mas sobre o que não se tem. Mais especificamente, uma ausência de medo. Ausência do medo de não ser capaz de alimentar sua família ou de que uma doença séria possa levá-lo à falência.

Outros países europeus possuem políticas semelhantes. Na Espanha, um funcionário disse ao *New York Times* que, graças ao auxílio do seu país, "consegui me sentir confortável em casa". Na Irlanda, um organizador de eventos disse ao jornal que, como o governo estava pagando seus funcionários enquanto não podiam trabalhar, "esse momento, curiosamente, não tem sido estressante". Uma de suas funcionárias conseguiu até mesmo fechar a compra de uma casa, permanecendo elegível para a hipoteca, já que ela continuou tecnicamente empregada.[44]

Se isso parece caro, pense que os Estados Unidos ainda estão convulsionando devido à pandemia, enquanto a vida praticamente já voltou ao normal na maioria da Europa e da Ásia. Ou pelo menos é o que nós ouvimos. Não podemos ver com nossos próprios olhos, porque os países da UE não estão permitindo a entrada de norte-americanos.

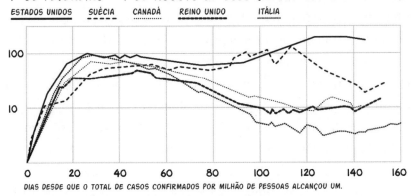

NOVOS CASOS DIÁRIOS CONFIRMADOS DE COVID-19 POR MILHÕES DE PESSOAS
1º DE FEVEREIRO – 7 DE AGOSTO DE 2020 (MÉDIA MÓVEL DE 7 DIAS)

FONTE: OUR WORLD IN DATA. OBS: ESCALA LOGARÍTMICA.

Quando você dá dinheiro às pessoas pobres e da classe trabalhadora, vê um efeito multiplicador imediato na economia — porque essas pessoas gastam o dinheiro. Elas compram comida, pagam aluguel, compram novos calçados e consertam a geladeira quebrada. E os consumidores são os melhores árbitros para decidir quem deve sobreviver à crise, não o governo. Se você acredita no poder dos mercados, nós devemos colocar dinheiro nas mãos dos consumidores, não nas mãos das empresas. Os cheques de US$1.200 enviados pelo governo no começo da pandemia foram um pequeno passo na direção certa, mas já passamos da fase de dar pequenos passos.

E que fique claro: não estou falando de seguro-desemprego, embora exista um papel para ele. Devemos cuidar das pessoas que *não podem* trabalhar, e um auxílio em períodos de perda inesperada de empregos é parte essencial dessa rede de segurança. Mas condicionar a assistência ao desemprego é desnecessariamente disruptivo tanto para os empregadores quanto para os funcionários. Para a maioria das pessoas, isso significa perder o plano de saúde. É algo que requer uma administração complexa que, como já vimos, deixa de funcionar diante da alta demanda. O objetivo é criar empregos que sobrevivam em uma economia pós-pandemia.

A maior parte da nossa resposta econômica à pandemia deveria ter surgido na forma de proteger as pessoas que essa pandemia põe em risco. Onde fizer sentido, promova ações que garantam os empregos ao final da pandemia. Mas comece com as pessoas e suba na escada corporativa. Não comece pelos acionistas para em seguida descer essa escada. Espera-se que estes percam, é assim que o capitalismo funciona. As prioridades são estas: proteger as pessoas, não os empregos. Proteger os empregos, não as corporações. Proteger as corporações, não os acionistas. Fim da lista.

CHAMANDO O CORONA CORPS

Precisamos levar essa luta até o vírus. Lockdowns são a opção nuclear — o distanciamento social e o uso de máscara são barreiras necessárias contra um inimigo em marcha. Epidemias ou acabam por si só (e estas provavelmente matariam milhões se permitíssemos) ou são derrotadas por meio de medidas agressivas de contenção. A Coreia do Sul publicou até mesmo uma cartilha de estratégias.[45]

A fórmula comprovada para achatar a curva sem colocar a economia de volta em um coma induzido é simples: testagem, rastreio e isolamento. Ou seja, precisamos de uma ampla testagem seguida por uma rápida identificação e isolamento temporário de qualquer um que tenha entrado em contato com os infectados. Em um país tão grande como o nosso e com o vírus tão espalhado como se encontra atualmente, seria necessário um exército para cumprir essa missão. As estimativas variam, mas precisamos de algo como 180 mil rastreadores de contato. Felizmente, temos um exército pronto para agir.

Recém-graduados na escola secundária enfrentam uma escolha desagradável: o pior mercado de trabalho na história moderna ou uma plataforma de streaming de vídeo que se chama Faculdade em Tempos de Corona, que custa US$50 mil. Devemos colocá-los para trabalhar no Corona Corps, uma organização de extensa tradição de voluntariado jovem, desde os missionários mórmons até organizações como a Teach for America e o Peace Corps, mas com um foco voltado para a crise atual. Um exército voluntário de pessoas entre 18 e 24 anos, treinadas e equipadas para enfrentar o vírus — e para reformular a trajetória de suas próprias vidas.

A principal função do Corona Corps seria rastrear o contato: entrevistar pessoas infectadas, avaliando a natureza dos seus contatos e abordando essas pessoas que foram colocadas em risco. Eles também fariam parte de equipes em centros de testagem em todo o país e trabalhariam com as pessoas que devem manter isoladas, fornecendo tudo, desde entrega de alimentos até apoio emocional. O Corona Corps, financiado pelo governo, pagaria os custos deles e um salário modesto, algo em torno de US$2.500 mensais. Aqueles que servirem por pelo menos seis meses recebem também um crédito para custos educacionais ou para a dívida estudantil.

Além dos benefícios para quem servir e do papel que eles assumiriam na derrota do vírus, eu acredito que o país colheria algo ainda maior. Um programa de serviços como esse ajudaria a unir divisões partidárias. Pense que, entre 1965 e 1975, mais de dois terços dos membros do Congresso vestiu fardas por seu país. As conquistas legislativas importantes desses anos foram moldadas por líderes que compartilhavam esse laço, maior que a política ou o partido. Hoje em dia, menos de 20% do Congresso possui esse laço. O Corona Corps, e os futuros programas de serviço nacional, poderiam reanimar nosso superpoder: a cooperação.

O serviço no Corona Corps seria arriscado. Mas nós enviamos jovens para as linhas de frente de guerras não porque são imunes às balas, mas porque alguém precisa ir. E os jovens adultos parecem enfrentar um risco muito menor de ter sintomas sérios ou de morrer em decorrência da Covid-19 do que os mais velhos. Os membros do Corona Corps seriam regularmente testados e, caso fossem infectados, teriam uma alta chance não só de recuperação, mas também de desenvolver anticorpos.

O Corona Corps não seria barato: 180 mil membros com, estimo eu, US$60 mil de remuneração cada, além de treinamento e apoio. Isso custaria quase US$11 bilhões. O governo sem dúvidas encontraria uma forma de fazer isso custar o dobro. Ainda assim, isso é só um erro de arrendondamento nas somas alocadas para o auxílio e o desemprego atual. Pense nisso como uma garantia contra a necessidade de outro pacote de resgate multitrilionário.

Além disso, o Corona Corps seria o núcleo de uma organização permanente de serviço nacional. Uma oportunidade para amadurecer uma geração de norte-americanos que podem ficar lado a lado e ver uns aos outros como norte-americanos em primeiro lugar, em vez de democratas ou republicanos. Precisamos de jovens com alicerces, mais uma vez, nos Estados Unidos.

MALFEITORES COM GRANDES FORTUNAS

Lidar com a crise atual é apenas o começo das responsabilidades do governo, é claro. Olhando adiante, existem duas prioridades que devem guiar nossas políticas: conter o poder privado, especialmente aquele nas mãos das big techs, e empoderar indivíduos.

O primeiro passo para controlar o poder privado é afastá-lo do governo. O ideal seria reduzir substancialmente a quantia de dinheiro que circula da fortuna privada para as campanhas políticas, embora a Suprema Corte tenha dificultado esse processo. O mínimo que podemos fazer, no entanto, é exigir o cumprimento das claras leis contra a corrupção descarada. Precisamos levar a sério as leis de conflito de interesses. Quando eleito para um cargo nacional, os seus ativos devem ir para um *blind trust*. Permitir que políticos negociem ações com informações que eles possuem prejudica a fé que temos em nossas próprias instituições. Um estudo sobre negociações de ações feito pelos senadores nos anos 1990 concluiu que eles superam o mercado em cerca de 12% ao ano — o dobro da vantagem obtida por *insiders* corporativos.[46] Em maio de 2020, o senador Richard Burr teve acesso a informações confidenciais sobre a seriedade do coronavírus e parece ter usado isso para adequar suas negociações na bolsa de valores. Os futuros senadores não devem se sentir tentados a participar desse tipo de corrupção. Da mesma forma, é loucura o fato de não exigirmos dos candidatos presidenciais a divulgação de suas declarações fiscais nem a aplicação da proibição constitucional de presidentes obterem lucros a partir do cargo.

Além de limpar a própria casa, o Congresso e o Executivo devem revigorar nossos limites antitrustes e regulatórios, especialmente se tratando das big techs. Mencionei isso no Capítulo 2, então aqui desejo apenas enfatizar o poder desses remédios. A regulação pode ser libertadora. Eu não acho que os gerentes da fábrica da GM *querem* derramar mercúrio no rio. Mas por que agir de forma unilateral? Os negócios são suficientemente difíceis mesmo antes de serem transformados em um teste diário de moralidade. Leis ambientais facilitam para que todos façam a coisa certa.

Do mesmo modo, pensamos no antitruste (dividir empresas) como uma punição. No entanto, trata-se de oxigenação. Ao dividir a AT&T, criamos sete empresas que, de maneira agregada, valem mais que a original. De acordo com uma análise, um investimento na AT&T na véspera da cisão, em 1983, trouxe como retorno uma taxa de crescimento anual de 18,5% até 1995, enquanto o mercado mais amplo cresceu em cerca de 10% nesse mesmo período. Uma das empresas criadas, Southwestern Bell, foi tão bem-sucedida que comprou a própria AT&T em 2005. Quanto ao resto de nós, que não fomos suficientemente sortudos para ter ações da AT&T em 1983, compare a inovação entre os vinte anos anteriores à separação (discagem com botões de pressão e a possibilidade de aguardar a ligação) com as inovações após a cisão (celulares, consumo de internet e o mercado otimista de maior duração na história até então).

Se você deixar de lado a noção da execução do antitruste como um julgamento moral e considerar as vantagens, muito dos problemas representados pelas big tech — não todos — seriam resolvidos se essas empresas fossem divididas. Ao dividirmos o Google e o YouTube em empresas separadas, não criaríamos concorrência de maneira direta, mas, na primeira reunião de conselho do recém-criado YouTube, a empresa provavelmente decidiria embarcar na pesquisa orientada por texto. Do outro lado da cidade, na primeira reunião do novo Google, a empresa provavelmente decidiria fazer parte da pesquisa orientada por vídeo.

Competição cria opções. Como um monopólio, por que o YouTube buscaria melhorar seu conteúdo infantil se não existe nenhuma outra plataforma de vídeo interessante com proteções mais efetivas? Alguém em uma dessas reuniões pode perceber que a Procter & Gamble ficará mais propensa a anunciar na plataforma de vídeo caso eles decidam proteger a jovem audiência. E que a Unilever está mais inclinada a patrocinar um mecanismo de busca que garante que a primeira resposta ao digitar "derrubar o governo" seja um formulário de voto e não instruções sobre como construir uma bomba suja.

Atualmente, não há incentivo algum para fazer qualquer coisa além de criar algoritmos que inspirem mais cliques e mais vício, sem se importar com o bem comum. Então nós as dividimos — não porque somos maus ou porque eles não pagam impostos, nem porque destroem empregos, mas porque somos capitalistas, e acreditamos na competição e na inovação. Não é uma punição, é uma oxigenação devida do mercado que desencadeará bilhões, talvez até trilhões, de valor aos acionistas.

O que Devemos Fazer

Iniciei este livro com algumas estatísticas sobre guerras: a Segunda Guerra Mundial, uma guerra de sacrifício, e a guerra contra a Covid, uma guerra do comportamento egoísta contra um patógeno. E parece que estamos perdendo a batalha, talvez até a guerra como um todo. Esse inimigo microscópico explorou falhas em nossa sociedade. Ele mata milhares de nós por dia — muitas vezes a taxa de mortalidade das guerras passadas. Mobilizamo-nos, de certa forma, mas não muito bem.

Certa vez, batalhamos em diversas frentes — em casa e no exterior, em frentes tecnológicas, industriais, agrícolas, políticas e pessoais. Na Segunda Guerra Mundial, quase um terço dos vegetais foram colhidos de "jardins da vitória" plantados nos quintais das pessoas. Eleanor Roosevelt planou um desses jardins no gramado da Casa Branca.

Apesar do imenso estresse financeiro em tempos de guerra, foi pedido às famílias que buscassem em suas economias e comprassem títulos de guerra. Toda a indústria automobilística foi reequipada para construir bombardeiros e tanques — nem um único carro foi construído por quase três anos.[47] Chrysler construiu uma fábrica nos subúrbios de Detroit que fabricou mais tanques que todo o Terceiro Reich.[48] E uma geração de jovens ouviu o chamado às armas, 450 mil deles morrendo nas praias da Normandia e nas selvas de Luzon. Claro, nós planejamos uma bala de prata: 120 mil pessoas trabalharam no Projeto Manhattan para encontrar uma vacina contra a tirania. Mas não paramos de plantar os jardins da vitória, de construir tanques e de nos sacrificarmos enquanto aguardávamos que Einstein e Oppenheimer nos salvassem.

Nem tudo isso era popular e nada disso era fácil. Pessoas com raiva e desesperadas falsificavam cartões de alimentação, evadiam as restrições de viagem e cerca de 5 mil norte-americanos foram presos por evadir o alistamento.[49] O governo investiu milhões na execução das leis — mas também no encorajamento. Da Casa Branca até Hollywood, figuras públicas exortavam o patriotismo e construíam um propósito compartilhado para inspirar um sacrifício em larga escala.

Nossos sacrifícios patrióticos na Segunda Guerra Mundial não foram inevitáveis. Fomos convocados a eles pelos líderes que sabiam o que precisávamos fazer e os expuseram de forma honesta. Em todos os níveis, e em qualquer área, vozes de apoio ao bem comum se levantaram, em vez de defender a propriedade privada e uma noção deturpada de liberdade.

Onde está esse propósito compartilhado hoje em dia? Estamos enfrentando um inimigo três vezes mais letal para nossa população que os poderes do Eixo, mas os norte-americanos ainda não querem usar máscaras e esperam que o governo os enviem mais dinheiro. A resistência ao sacrifício e a desconsideração para com a comunidade foram rotuladas como "liberdade".

Liberdade é um valor fundador norte-americano, mas não é uma garantia individual nem algo divorciado do bem maior. Essa é a tese central da Declaração de Independência: não é dizer meramente que a vida, a liberdade e a busca da felicidade são direitos inalienáveis, mas que "para garantir esses direitos, Governos são instituídos entre os Homens". Os Fundadores, por mais imperfeitos que fossem, viram claramente o que nós esquecemos. Como disse Benjamin Franklin ao assinar o documento revolucionário: "Devemos permanecer unidos, ou certamente seremos enforcados separadamente."

Não precisávamos estar nesta situação e certamente não estamos condenados a seguir nesse caminho. De fato, a boa notícia é que derrotar a pandemia e transitar da crise à oportunidade requer que despertemos novamente nosso caráter nacional. A oportunidade apresentada por esse despertar é imensa.

Um passo para trás, após tomar o caminho errado, é um passo na direção correta.

—Kurt Vonnegut

Pandemias, guerras, depressões — esses choques são dolorosos, mas as épocas que vêm logo a seguir estão entre as mais produtivas na história humana. As gerações que resistem e observam a dor estão melhor preparadas para a luta.

Como essa geração ascendente suportará os fardos do mundo pós-corona? Existem razões para se ter esperança.

Estaríamos amadurecendo uma geração que abraçará o superpoder de nossa espécie: a cooperação? Se os britânicos, os russos e os norte-americanos puderam se aliar para enfrentar um inimigo comum oitenta anos atrás, não podemos nos aliar para enfrentar um inimigo que ameaça todos os 7,7 bilhões de nós?

Essa geração decidiria que, se metade da população nacional não pode passar sessenta dias sem assistência do governo, então devemos fazer mais investimentos de longo prazo para poupar trilhões em futuros auxílios emergenciais?

Essa geração inspiraria uma maior cortesia entre os homens, mais empatia para com os destituídos de direitos e uma maior valorização do que significa ser norte-americano? Finalmente, decidiríamos reinvestir na maior fonte do bem na história — o governo norte-americano? E então?

A história dos Estados Unidos não é composta de poucas crises ou oportunidades perdidas. Seus pecados e seus fracassos são tão históricos quanto suas virtudes e sucessos. Em seu auge, os Estados Unidos exemplificam a generosidade, a bravura, a inovação e uma disposição em nos sacrificarmos uns pelos outros e pelas gerações futuras. Quando perdemos isso de vista, vagamos rumo à exploração e à crise.

Toda a nossa história, assim como nosso futuro, é *nossa*. Nosso bem comum não simplesmente aconteceu — ele foi moldado. Nós escolhemos esse caminho — nenhuma tendência é permanente e não pode ser piorada ou corrigida.

Os Estados Unidos não "são o que são", mas sim o que fazemos deles.

NOTAS

INTRODUÇÃO

1. Falcon, Andrea. "Time for Aristotle", *Notre Dame Philosophical Reviews*, 1º de abril de 2006. https://ndpr.nd.edu/news/time-for-aristotle/.
2. Parker, Kim, Juliana Menasce Horowitz e Anna Brown, "About Half of Lower-Income Americans Report Household Job or Wage Loss Due to COVID-19". Pew Research Center, 21 de abril de 2020. https://www.pewsocialtrends.org/2020/04/21/about-half-of-lower-income-americans-report-household-job-or-wage-loss-due-to-covid-19/.
3. Iacurci, Greg. "40% of Low-Income Americans Lost Their Jobs Due to the Pandemic", CNBC, 14 de maio de 2020. https://www.cnbc.com/2020/05/14/40percent-of-low-income-americans-lost-their-jobs-in-march-according-to-fed.html.
4. Davis, Dominic-Madori. "Over 2 Million Gen Zers Have Moved Back In with Family in the Wake of the Coronavirus", *Business Insider*, 1º de agosto de 2020. https://www.businessinsider.com/gen-zers-moved-back-with-parents-family-coronavirus-zillow-studoc-2020-7.
5. Um relato do racionamento imposto durante a Segunda Guerra Mundial e seus efeitos na vida doméstica: Flamm, Bradley J. "Putting the Brakes on 'Non-Essential' Travel: 1940s Wartime Mobility, Prosperity, and the US Office of Defense". *Journal of Transport History* 27, no. 1 (2006): 71–92. https://www.researchgate.net/publication/233547720_Putting_the_brakes_on_%27non-essential%27_travel_1940s_wartime_mobility_prosperity_and_the_US_Office_of_Defense. Veja também esse ensaio interessante sobre como os Estados Unidos se uniram nos esforços da guerra, incluindo o estabelecimento de um limite de velocidade de 35 milhas por hora para preservar os pneus: Davis, Wade. "The Unraveling of America", *Rolling Stone*, 6 de

agosto de 2020. https://www.rollingstone.com/politics/political-commentary/covid-19-end-of-american-era-wade-davis-1038206/.

6. Macias, Amanda. "America Has Spent $6.4 Trillion on Wars in the Middle East and Asia Since 2001, a New Study Says", CNBC, 20 de novembro de 2019. https://www.cnbc.com/2019/11/20/us-spent-6point4-trillion-on-middle-east-wars-since-2001-study.html.

7. Koma, Wyatt et al. "Low-Income and Communities of Color at Higher Risk of Serious Illness if Infected with Coronavirus", KFF, 7 de maio de 2020. https://www.kff.org/coronavirus-covid-19/issue-brief/low-income-and-communities-of-color-at-higher-risk-of-serious-illness-if-infected-with-coronavirus/.

CAPÍTULO UM: A COVID E O ABATE

1. Lee, Justina e Valdana Hajric. "Why Robinhood Day Traders Are Greedy When Wall Street Is Fearful", *Bloomberg Businessweek*, 11 de junho de 2020. https://www.bloomberg.com/news/articles/2020-06-11/u-s-stock-market-investors-keep-buying-amid-recession.

2. Cain, Áine e Madeline Stone. "These 31 Retailers and Restaurant Companies Have Filed for Bankruptcy or Liquidation in 2020", *Business Insider*, 25 de agosto de 2020. https://www.businessinsider.com/retailers-filed-bankruptcy-liquidation-closing-stores-2020-2#california-pizza-kitchen-filed-for-chapter-11-bankruptcy-on-july-30-after-permanently-closing-an-undisclosed-number-of-restaurants-due-to-the-pandemic-26.

3. Neufeld, Dorothy. "The Hardest Hit Companies of the COVID-19 Down-turn: The 'BEACH' Stocks", Visual Capitalist, 25 de março de 2020. https://www.visualcapitalist.com/covid-19-downturn-beach-stocks/.

4. Swisher, Kara e Scott Galloway, apresentadores. "Addressing the US economy (a note from Andrew Yang), data privacy in a public health emergency, and a listener question on the 'great WFH-experiment'", *Pivot* (podcast), 20 de março de 2020.

5. "James Provisions: Brooklyn". jamesrestaurantny.com.

6. Olsen, Parmy. "Telemedicine, Once a Hard Sell, Can't Keep Up with Demand", *The Wall Street Journal*, 1º de abril de 2020. https://www.wsj.com/articles/telemedicine-once-a-hard-sell-cant-keep-up-with-demand-11585734425.

7. Forman, Laura. "The Pandemic Has Made Sudden Heroes of the Tech Companies—for Now", *The Wall Street Journal*, 8 de maio de 2020. https://www.wsj.com/articles/the-pandemic-has-made-sudden-heroes-of-the-tech-companiesfor-now-11588930200.

8. Davis, Michelle F. e Jeff Green. "Three Hours Longer, the Pandemic Workday Has Obliterated Work-Life Balance: People Are Overworked, Stressed, and

Eager to Get Back to the Office", *Bloomberg*, 23 de abril de 2020. https://www.bloomberg.com/news/articles/2020-04-23/working-from-home-in-covid-era-means-three-more-hours-on-the-job?sref= AhQQoPzF.

9. Mims, Christopher. "The Work-from-Home Shift Shocked Companies— Now They're Learning Its Lessons", *The Wall Street Journal*, 25 de julho de 2020. https://www.wsj.com/articles/the-work-from-home-shift-shocked-companiesnow-theyre-learning-its-lessons-11595649628.

10. Mims, "The Work-from-Home Shift".

11. Ingraham, Christopher. "Nine Days on the Road. Average Commute Time Reached a New Record Last Year", *The Washington Post*, 7 de outubro de 2019. https://www.washingtonpost.com/business/2019/10/07/nine-days-road-average-commute-time-reached-new-record-Last-year/.

12. Galloway, Scott. "WeWTF", *No Mercy / No Malice* (blog), 16 de agosto de 2019. https://profgalloway.com/wewtf. Veja também Walsh, James D. "'At What Point Does Malfeasance Become Fraud?': NYU Biz-School Professor Scott Galloway on WeWork", *New York Magazine*, 1º de outubro de 2019. https://nymag.com/intelligencer/2019/10/marketing-expert-scott-galloway-on-wework-and-adam-neumann.html.

13. "Coca Cola Commercial—I'd Like to Teach the World to Sing (In Perfect Harmony)—1971". Enviado dia 29 de dezembro de 2008. Vídeo, 00:59. https://youtu.be/ib-Qiyklq-Q.

14. Perrin, Nicole. "Facebook-Google Duopoly Won't Crack This Year", eMarketer, 4 de novembro de 2019. https://www.emarketer.com/content/facebook-google-duopoly-won-t-crack-this-year.

15. Gill, Zinnia. "Magna Forecasts V-Shaped Recovery for the US Advertising Market", MAGNA, 26 de março de 2020. https://magnaglobal.com/magna-forecasts-v-shaped-recovery-for-the-us-advertising-market/.

16. McArdie, Megan. "Don't Just Look at Covid-19 Fatality Rates, Look at People Who Survive But Don't Entirely Recover", *The Washington Post*, 16 de agosto de 2020. https://www.washingtonpost.com/opinions/dont-just-look-at-covid-19-fatality-rates-look-at-people-who-survive-but-dont-entirely-recover/2020/08/14/3b3de170-de6a-11ea-8051-d5f887d73381_story.html.

17. Chuck, Elizabeth e Chelsea Bailey. "Apple CEO Tim Cook Slams Facebook: Privacy 'Is a Human Right, It's a Civil Liberty'". NBC News, 28 de março de 2018. https://www.nbcnews.com/tech/tech-news/apple-ceo-tim-cook-slams-facebook-privacy-human-right-it-n860816.

18. Smith, Chris. "Making the $1,249 iPhone Xs Only Costs Apple $443", *The New York Post*, 26 de setembro de 2018. https://nypost.com/2018/09/26/making-the-1249-iphone-xs-only-costs-apple-443/.

19. Lyons, Kim. "TikTok Says It Will Stop Accessing Clipboard Content on iOS Devices: A Beta Feature on iOS 14 Showed What the App Was Up To", The

Verge, 26 de junho de 2020. https://www.theverge.com/2020/6/26/21304228/tiktok-security-ios-clipboard-access-ios14-beta-feature.

20. Galloway, Scott. "Four Weddings & a Funeral", *No Mercy / No Malice* (blog), 12 de junho de 2020. https://www.profgalloway.com/four-weddings-a-funeral.

21. Rodriguez, Salvador. "Why Facebook Generates Much More Money Per User Than Its Rivals", CNBC, 1º de novembro de 2019. https://www.cnbc.com/2019/11/01/facebook-towers-over-rivals-in-the-critical-metric-of-revenue-per-user.html.

22. Tran, Kevin. "LinkedIn Looks to Become Dominant Ad Force", *Business Insider*, 7 de setembro de 2017. https://www.businessinsider.com/linkedin-looks-to-become-dominant-ad-force-2017-9.

CAPÍTULO DOIS: OS QUATRO

1. Li, Yun. "The Five Biggest Stocks Are Dwarfing the Rest of the Stock Market at an 'Unprecedented' Level". CNBC, 13 de janeiro de 2020. https://www.cnbc.com/2020/01/13/five-biggest-stocks-dwarfing-the-market-at-unprecedented-level.html.

2. Bowman, Jeremy. "Jet.com May Be History, but Walmart Got What It Needed", Motley Fool, 20 de maio de 2020. https://www.fool.com/investing/2020/05/20/jetcom-may-be-history-but-walmart-got-what-it-need.aspx; https://www.axios.com/walmart-jet-com-6502ec3f-090c-4761-9620-944f99603719.html.

3. Dunne, Chris. "15 Amazon Statistics You Need to Know in 2020", Repricerexpress, visitado pela última vez no dia 3 de setembro de 2020. https://www.repricerexpress.com/amazon-statistics/.

4. O'Hara, Andrew. "Apple's Wearables Division Now Size of Fortune 140 Company", Apple Insider, visitado pela última vez no dia 3 de setembro de 2020. https://appleinsider.com/articles/20/04/30/apples-wearables-division-now-size-of-fortune-140-company.

5. Galloway, Scott. "Stream On", *No Mercy / No Malice* (blog), 22 de novembro de 2019. https://www.profgalloway.com/stream-on.

6. Brush, Michael. "Opinion: Here's Why Netflix Stock, Now Below $500, Is Going to $1,000", MarketWatch, 1º de agosto de 2020. https://www.marketwatch.com/story/heres-why-netflix-stock-now-below-500-is-going-to-1000-2020-07-27/.

7. Knibbs, Kate. "Laughing at Quibi Is Way More Fun Than Watching Quibi", *Wired*, 15 de julho de 2020. https://www.wired.com/story/quibi-schadenfreude/.

8. Goldberg, Lesley. "Inside Apple's Long, Bumpy Road to Hollywood". *Hollywood Reporter*, 15 de outubro de 2019. https://www.hollywoodreporter.com/news/apples-bumpy-tv-launch-inside-tech-giants-impending-arrival-hollywood-1247377.

9. Milan, Aiden. "How Much Did Each *Game of Thrones* Season Cost to Make?" *Metro*, 21 de maio de 2019. https://metro.co.uk/2019/05/21/much-game-thrones-season-cost-make-9622963/.

10. Solsman, Joan E. "HBO Max: Everything to Know About HBO's Bigger Streaming App", CNET, 28 de agosto de 2020. https://www.cnet.com/news/hbo-max-live-everything-to-know-go-roku-amazon-firestick-streaming-app/.

11. Gomes, Lee. "Microsoft Will Pay $275 Million to Settle Lawsuit from Caldera", *The Wall Street Journal*, 11 de janeiro de 2000. https://www.wsj.com/articles/SB947543007415899052.

12. Mac, Ryan. "A Kenosha Militia Facebook Event Asking Attendees to Bring Weapons Was Reported 455 Times. Moderators Said It Didn't Violate Any Rules", *BuzzFeed News*, 28 de agosto de 2020. https://www.buzzfeednews.com/article/ryanmac/kenosha-militia-facebook-reported-455-times-moderators.

13. Wong, Julia Carrie. "Praise for Alleged Kenosha Shooter Proliferates on Facebook Despite Supposed Ban", *Guardian*, 27 de agosto de 2020. https://www.theguardian.com/technology/2020/aug/27/facebook-kenosha-shooter-support-ban.

14. Townsend, Mark. "Facebook Algorithm Found to 'Actively Promote' Holocaust Denial", *Guardian*, 16 de agosto de 2020. https://www.theguardian.com/world/2020/aug/16/facebook-algorithm-found-to-actively-promote-holocaust-denial.

15. Collins, Ben e Brandy Zadronzy. "QAnon Groups Hit by Facebook Crackdown", NBC News, 19 de agosto de 2020. https://www.nbcnews.com/tech/tech-news/qanon-groups-hit-facebook-crack-down-n1237330.

16. Galloway, Scott e Aswath Damodaran. "Valuing Tech's Titans", *Winners & Losers*, 27 de julho de 2017. Série de vídeos, 37:27. https://www.youtube.com/watch?v=4CLEuPfwVBo.

17. Weise, Karen. "Amazon Sells More, but Warns of Much Higher Costs Ahead", *The New York Times*, 30 de abril de 2020. https://www.nytimes.com/2020/04/30/technology/amazon-stock-earnings-report.html.

18. Bohn, Dieter. "Amazon Announces Halo, a Fitness Band and App That Scans Your Body and Voice", The Verge, 27 de agosto de 2020. https://www.theverge.com/2020/8/27/21402493/amazon-halo-band-health-fitness-body-scan-tone-emotion-activity-sleep.

19. Murphy, Mike. "There Are Signs of Life for Apple Beyond the iPhone", Quartz, 30 de outubro de 2019. https://qz.com/1738780/apples-q4-2019-earnings-show-the-iphone-isnt-all-that-matters/.

20. Leswing, Kif. "Apple Is Laying the Groundwork for an iPhone Subscription", CNBC, 30 de outubro de 2019. https://www.cnbc.com/2019/10/30/apple-lays-groundwork-for-iphone-or-apple-prime-subscription.html.

21. "Sources of Funds", Universidade Estadual da Califórnia, 2019–20 Operating Budget, visitado pela última vez no dia 3 de setem-

bro de 2020. https://www2.calstate.edu/csu-system/about-the-csu/budget/2019-20-operating-budget/2019-20-operating-budget-plan.

22. Hsu, Tiffany e Eleanor Lutz. "More Than 1,000 Companies Boycotted Facebook. Did It Work?" *The New York Times*, 1º de agosto de 2020. https://www.nytimes.com/2020/08/01/business/media/facebook-boycott.html?action=click&module=Well&pgtype=Homepage&section=Business.

23. Stoller, Matt. "Absentee Ownership: How Amazon, Facebook, and Google Ruin Commerce Without Noticing", "BIG", 28 de julho de 2020. https://mattstoller.substack.com/p/absentee-ownership-how-amazon-facebook.

CAPÍTULO TRÊS: OUTROS DISRUPTORES

1. U.S. Bureau of Labor Statistics. https://www.bls.gov/.
2. Adamczyk, Alicia. "Health Insurance Premiums Increased More Than Wages This Year", CNBC, 26 de setembro de 2019. https://www.cnbc.com/2019/09/26/health-insurance-premiums-increased-more-than-wages-this-year.html.
3. Lee, Aileen. "Welcome to the Unicorn Club: Learning from Billion Dollar Startups", TechCrunch, 2 de novembro de 2013. https://techcrunch.com/2013/11/02/welcome-to-the-unicorn-club/.
4. Teare, Gené. "Private Unicorn Board Now Above 600 Companies Valued at $2T", Crunchbase, 29 de junho de 2020. https://news.crunchbase.com/news/private-unicorn-board-now-above-600-companies-valued-at-2t/.
5. Smith, Gerry e Mark Gurman. "Apple Plans Mega Bundle of Music, News, TV as Early as 2020", *Bloomberg*, 14 de novembro 2019. https://www.bloomberg.com/news/articles/2019-11-14/apple-mulls-bundling-digital-subscriptions-as-soon-as-2020?sref=AhQQoPzF.
6. Roof, Katie e Olivia Carville. "Airbnb Quarterly Revenue Drops 67%; IPO Still Planned", *Bloomberg*, 12 de agosto de 2020. https://www.bloomberg.com/news/articles/2020-08-12/airbnb-revenue-tanks-67-in-second-quarter-ipo-planned-for-2020?sref=AhQQoPzF.
7. Witkowski, Wallace. "Lemonade IPO: 5 Things to Know About the Online Insurer", MarketWatch, 2 de julho de 2020. https://www.marketwatch.com/story/lemonade-ipo-5-things-to-know-about-the-online-insurer-2020-07-01.
8. "Investor Relations", Peloton, visitado pela última vez no dia 3 de setembro de 2020. https://investor.onepeloton.com/investor-relations.
9. Watson, Amy. "Video Content Budget of Netflix Worldwide from 2013 to 2020", Statista, 28 de maio de 2020. https://www.statista.com/statistics/707302/netflix-video-content-budget/.
10. "Tesla's Recent Rally Comes from Its Narrative, Not the News or Fundamentals, Says NYU's Aswath Damodaran". Vídeo. CNBC, 9 de julho de 2020.

https://www.cnbc.com/video/2020/07/09/teslas-recent-rally-comes-from-its-narrative-not-the-news-or-fundamentals-says-nyus-aswath-damodaran.html.

11. Isaac, Mike. *Super Pumped: The Battle for Uber* (Nova York: W. W. Norton & Company, 2019). Um relato interessante e cinematográfico sobre os anos de Kalanick na Uber e a transição para Khosrowshahi.

12. Chen, Brian X. e Taylor Lorenz. "We Tested Instagram Reels, the TikTok Clone. What a Dud", *The New York Times*, 14 de agosto de 2020. https://www.nytimes.com/2020/08/12/technology/personaltech/tested-facebook-reels-tiktok-clone-dud.html.

13. KPMG International. "Venture Capital Remains Resilient", PR Newswire, 22 de julho de 2020. https://www.prnewswire.com/news-releases/venture-capital-remains-resilient,Äîus62-9-billion-raised-by-vc-backed-companies-in-the-second-quarter-according-to-kpmg-private-enterprises-global-venture-pulse-q220-report-301097576.html.

CAPÍTULO QUATRO: EDUCAÇÃO SUPERIOR

1. Kamal, Rabah, Daniel McDermott e Cynthia Cox. "How Has US Spending on Healthcare Changed over Time?" Health System Tracker, 20 de dezembro de 2019. https://www.healthsystemtracker.org/chart-collection/u-s-spending-healthcare-changed-time/#item-nhe-trends_total-national-health-expenditures-us-per-capita-1970-2018.

2. Galloway, Scott. "Getting the Easy Stuff Right", *No Mercy / No Malice* (blog), 14 de dezembro de 2018. https://www.profgalloway.com/getting-the-easy-stuff-right.

3. Galloway, Scott. "Gang of Four: Apple / Amazon / Facebook / Google (Scott Galloway, Founder of L2) | DLD16". Discurso na DLD Conference, Munique, Alemanha, 25 de janeiro de 2016. Vídeo, 16:18. https://www.youtube.com/watch?v=jfjg0kGQFBY.

4. Walsh, Brian. "The Dirty Secret of Elite College Admissions", Medium, 12 de dezembro de 2018. https://gen.medium.com/the-dirty-secret-of-elite-college-admissions-d41077df670e.

5. Gage, John. "Harvard Newspaper Survey Finds 1% of Faculty Members Identify as Conservative", *Washington Examiner*, 4 de março de 2020. https://www.washingtonexaminer.com/news/harvard-newspaper-survey-finds-1-of-faculty-members-identify-as-conservative.

6. Carey, Kevin. "The 'Public' in Public College Could Be Endangered", *The New York Times*, 5 de maio de 2020. https://www.nytimes.com/2020/05/05/upshot/public-colleges-endangered-pandemic.html.

7. Miller, Ben et al. "Addressing the $1.5 Trillion in Federal Student Loan Debt". Center for American Progress, 12 de junho de 2019. https://www.americanprogress.org/issues/education-postsecondary/reports/2019/06/12/470893/addressing-1-5-trillion-federal-student-loan-debt/.

8. Fain, Paul. "Wealth's Influence on Enrollment and Completion", Inside Higher Ed, 23 de maio de 2019. https://www.insidehighered.com/news/2019/05/23/feds-release-broader-data-socioeconomic-status-and-college-enrollment-and-completion.

9. Aisch, Gregor et al. "Some Colleges Have More Students from the Top 1 Percent Than the Bottom 60. Find Yours", *The New York Times*, 18 de janeiro de 2017. https://www.nytimes.com/interactive/2017/01/18/upshot/some-colleges-have-more-students-from-the-top-1-percent-than-the-bottom-60.html.

10. Leighton, Mara. "Yale's Most Popular Class Ever Is Available Free Online—and the Topic Is How to Be Happier in Your Daily Life", *Business Insider*, 13 de julho de 2020. https://www.businessinsider.com/coursera-yale-science-of-wellbeing-free-course-review-overview.

11. Selingo, Jeffrey J. "Despite Strong Economy, Worrying Financial Signs for Higher Education", *The Washington Post*, 3 de agosto de 2018. https://www.washingtonpost.com/news/grade-point/wp/2018/08/03/despite-strong-economy-worrying-financial-signs-for-higher-education/.

12. Christensen, Clayton M. e Michael B. Horn. "Innovation Imperative: Change Everything", *The New York Times*, 1º de novembro de 2013. https://www.nytimes.com/2013/11/03/education/edlife/online-education-as-an-agent-of-transformation.html.

13. Hess, Abigail. "Harvard Business School Professor: Half of American Colleges Will Be Bankrupt in 10 to 15 Years", CNBC, 30 de agosto de 2018. https://www.cnbc.com/2018/08/30/hbs-prof-says-half-of-us-colleges-will-be-bankrupt-in-10-to-15-years.html.

14. Oneclass Blog. "75% of College Students Unhappy with Quality of eLearning During Covid-19", *OneClass* (blog), 1º de abril de 2020. https://oneclass.com/blog/featured/177356-7525-of-college-students-unhappy-with-quality-of-elearning-during-covid-19.en.html.

15. "Looking Ahead to Fall 2020: How Covid-19 Continues to Influence the Choice of College-Going Students". Art and Science Group LLC, abril de 2020. https://www.artsci.com/studentpoll-covid-19-edition-2.

16. "The College Crisis Initiative". @Davidson College, visitado pela última vez no dia 3 de setembro de 2020. https://collegecrisis.shinyapps.io/dashboard/.

17. Lapp, Katie. "Update on Operational and Financial Planning", Universidade Harvard, 9 de junho de 2020. https://www.harvard.edu/update-on-operational-and-financial-planning.

18. Carey, Kevin. "Risky Strategy by Many Private Colleges Leaves Them Exposed", *The New York Times*, 26 de maio de 2020. https://www.nytimes.com/2020/05/26/upshot/virus-colleges-risky-strategy.html.
19. Steinberg, Laurence. "Expecting Students to Play It Safe if Colleges Reopen Is a Fantasy", *The New York Times*, 15 de junho de 2020. https://www.nytimes.com/2020/06/15/opinion/coronavirus-college-safe.html.
20. Field, Anne. "10 Great Places to Live and Learn", AARP.org. https://www.aarp.org/retirement/planning-for-retirement/info-2016/ten-ideal-college-towns-for-retirement-photo.html.
21. Zong, Jie e Jeanne Batalova. "International Students in the United States". Migration Policy Institute, 9 de maio de 2018. https://www.migrationpolicy.org/article/international-students-united-states-2017.
22. Whiteman, Doug. "These Chains Are Permanently Closing the Most Stores in 2020", MoneyWise, 12 de agosto de 2020. https://moneywise.com/a/chains-closing-the-most-stores-in-2020.
23. Thomas, Lauren. "25,000 Stores Are Predicted to Close in 2020, as the Coronavirus Pandemic Accelerates Industry Upheaval", CNBC, 9 de junho de 2020. https://www.cnbc.com/2020/06/09/coresight-predicts-record-25000-retail-stores-will-close-in-2020.html.
24. "Public Viewpoint: COVID-19 Work and Education Survey", STRADA: Center for Consumer Insights, 29 de julho de 2020. https://www.stradaeducation.org/wp-content/uploads/2020/07/Report-July-29-2020.pdf.
25. Galloway, Scott. "Cash & Denting the Universe", *No Mercy / No Malice* (blog), 5 de maio de 2017. https://www.profgalloway.com/cash-denting-the-universe.
26. Bariso, Justin. "Google's Plan to Disrupt the College Degree Is Absolute Genius". *Inc.*, 24 de agosto de 2020. https://www.inc.com/justin-bariso/google-career-certificates-plan-disrupt-college-degree-university-genius.html.
27. Bridgeland, John M. e John J. DiIulio Jr. "Will America Embrace National Service?" Brookings Institution, outubro de 2019. https://www.brookings.edu/wp-content/uploads/2019/10/National-Service_TEXT-3.pdf.
28. Spees, Ann-Cathrin. "Could Germany's Vocational Education and Training System Be a Model for the U.S.?" *World Education News + Reviews*, 12 de junho de 2018. https://wenr.wes.org/2018/06/could-germanys-vocational-education-and-training-system-be-a-model-for-the-u-s; e um bom livro sobre o assunto escrito por Matthew Crawford, *Shop Class as Soulcraft: An Inquiry into the Value of Work* (Nova York: Penguin Books, 2009).

CAPÍTULO CINCO: O BEM COMUM

1. Harari, Yuval Noah. *Sapiens: A brief history of humankind* (Nova York: Harper Perennial, 2018), 25.
2. McIntosh, Kristen et al. "Examining the Black-White Wealth Gap". Brookings Institution, 27 de fevereiro de 2020. https://www.brookings.edu/blog/up-front/2020/02/27/examining-the-black-white-wealth-gap/.
3. Aisch, Gregor et al. "Some Colleges Have More Students From the Top 1 Percent Than the Bottom 60. Find Yours", *The New York Times*, 18 de janeiro de 2017. https://www.nytimes.com/interactive/2017/01/18/upshot/somecolleges-have-more-students-from-the-top-1-percent-than-the-bottom-60.html.
4. Maciag, Mike. "Your ZIP Code Determines Your Life Expectancy, But Not in These 7 Places", Governing.com, novembro de 2018. https://www.governing.com/topics/health-human-services/gov-neighborhood-lifes-expectancy.html; https://time.com/5608268/zip-code-health/.
5. Kahneman, Daniel. *Thinking, Fast and Slow* (Nova York: Farrar, Straus and Giroux, 2011).
6. "About Chronic Diseases". Centro de Controle e Prevenção de Doenças, visitado pela última vez no dia 3 de setembro de 2020. https://www.cdc.gov/chronicdisease/about/costs/index.htm.
7. "CDC—Budget Request Overview". Centro de Controle e Prevenção de Doenças. https://www.cdc.gov/budget/documents/fy2020/cdc-overview-factsheet.pdf.
8. Stein, Jeff. "Tax Change in Coronavirus Package Overwhelmingly Benefits Millionaires, Congressional Body Finds", *The Washington Post*, 14 de abril de 2020. https://www.washingtonpost.com/business/2020/04/14/coronavirus-law-congress-tax-change/.
9. Woods, Hiat. "How Billionaires Got $637 Billion Richer During the Coronavirus Pandemic", *Business Insider*, 3 de agosto de 2020. https://www.businessinsider.com/billionaires-net-worth-increases-coronavirus-pandemic-2020-7. Veja também Mims, Christopher. "Covid-19 Is Dividing the American Worker", *The Wall Street Journal*, 22 de agosto de 2020. https://www.wsj.com/articles/covid-19-is-dividing-the-american-worker-11598068859. O autor diz que temos uma "recuperação com formato de 'K' na qual existem agora dois Estados Unidos: profissionais que em grande parte voltaram a trabalhar e com portfólios de ações atingindo máximas históricas, e todo o resto'".
10. Kiel, Paul e Justin Elliott. "Trump Administration Discloses Some Recipients of $670 Billion Small Business Bailout", ProPublica, 6 de julho de 2020. https://www.propublica.org/article/trump-administration-discloses-some-recipients-of-670-billion-small-business-bailout.

11. Ingraham, Christopher. "Wealth Concentration Returning to 'Levels Last Seen During the Roaring Twenties,' According to New Research", *The Washington Post*, 8 de fevereiro de 2019. https://www.washingtonpost.com/us-policy/2019/02/08/wealth-concentration-returning-levels-Last-seen-during-roaring-twenties-according-new-research/.
12. "Changes in U.S. Family Finances from 2013 to 2016: Evidence from the Survey of Consumer Finances". Federal Reserve, setembro de 2017. https://www.federalreserve.gov/publications/files/scf17.pdf.
13. "Poverty Thresholds". U.S. Census Bureau, visitado pela última vez no dia 3 de setembro de 2020. https://www.census.gov/data/tables/time-series/demo/income-poverty/historical-poverty-thresholds.html.
14. Langston, Abbie, "100 Million and Counting: A Portrait of Economic Insecurity in the United States", PolicyLink, dezembro de 2018. https://www.policylink.org/resources-tools/100-million.
15. Richardson, Thomas, Peter Elliott e Ronald Roberts. "The Relationship Between Personal Unsecured Debt and Mental and Physical Health: A Systematic Review and Meta-Analysis". *Clinical Psychology Review* 2, no. 8 (2013): 1148–62. https://pubmed.ncbi.nlm.nih.gov/24121465/.
16. Argys, Laura M., Andrew I. Friedson e M. Melinda Pitts. "Killer Debt: The Impact of Debt on Mortality". Federal Reserve Bank of Atlanta, novembro de 2016. https://www.frbatlanta.org/-/media/documents/research/publications/wp/2016/14-killer-debt-the-impact-of-debt-on-mortality-2017-04-10.pdf.
17. Evans, Gary W. et al. "Childhood Poverty and Blood Pressure Reactivity to and Recovery from an Acute Stressor in Late Adolescence: The Mediating Role of Family Conflict". *Psychosomatic Medicine* 75, no. 7 (2013): 691–700. https://www.ncbi.nlm.nih.gov/pmc/articles/PMC3769521/.
18. Mitnik, Pablo A. "Economic Mobility in the United States". Pew Charitable Trusts, julho de 2015. https://www.pewtrusts.org/~/media/assets/2015/07/fsm-irs-report_artfinal.pdf.
19. Isaacs, Julia B. "International Comparisons of Economic Mobility". Pew Charitable Trusts. https://www.brookings.edu/wp-content/uploads/2016/07/02_economic_mobility_sawhill_ch3.pdf. Veja também Jones, Katie. "Ranked: The Social Mobility of 82 Countries". Visual Capitalist, 7 de fevereiro de 2020. https://www.visualcapitalist.com/ranked-the-social-mobility-of-82-countries/.
20. Kiersz, Andy. "31 Countries Where the 'American Dream' Is More Attainable Than in the US", *Business Insider*, 19 de agosto de 2019. https://www.businessinsider.com.au/countries-where-intergenerational-mobility-american-dream-better-than-the-us-2019-8.
21. "The World Fact Book". Central Intelligence Agency, visitado pela última vez no dia 3 de setembro de 2020. https://www.cia.gov/library/publications/the-world-factbook/rankorder/2102rank.html.

22. "Countries and Territories". Freedom House, visitado pela última vez no dia 3 de setembro de 2020. https://freedomhouse.org/countries/freedom-world/scores?sort=desc&order=Total%20Score%20and%20Status.

23. Helliwell, John F. et al. "Social Environments for World Happiness". *World Happiness Report*. Sustainable Development Solutions Network, 20 de março de 2020. https://worldhappiness.report/ed/2020/social-environments-for-world-happiness/.

24. Henderson, Nia-Malika. "White Men Are 31 Percent of the American Population. They Hold 65 Percent of All Elected Offices", *The Washington Post*, 8 de outubro de 2014. https://www.washingtonpost.com/news/the-fix/wp/2014/10/08/65-percent-of-all-american-elected-officials-are-white-men/.

25. Horowitz, Juliana Menasce, Ruth Igielnik e Rakesh Kochhar. "Most Americans Say There Is Too Much Economic Inequality in the U.S., but Fewer Than Half Call It a Top Priority". Pew Research Center, 9 de janeiro de 2020. https://www.pewsocialtrends.org/2020/01/09/most-americans-say-there-is-too-much-economic-inequality-in-the-u-s-but-fewer-than-half-call-it-a-top-priority/.

26. Abad-Santos, Alex. "Watch John Oliver Completely Destroy the Idea That Hard Work Will Make You Rich". *Vox*, 14 de julho 2014. https://www.vox.com/2014/7/14/5897797/john-oliver-explains-wealth-gap.

27. "Food Insecurity", Child Trends, 28 de setembro de 2018. https://www.childtrends.org/indicators/food-insecurity.

28. Lewis, Michael. "Extreme Wealth Is Bad for Everyone—Especially the Wealthy", *New Republic*, 12 de novembro de 2014. https://newrepublic.com/article/120092/billionaires-book-review-money-cant-buy-happiness.

29. Buchanan, Leigh. "American Entrepreneurship Is Actually Vanishing. Here's Why", *Inc.*, maio de 2015. https://www.inc.com/magazine/201505/leigh-buchanan/the-vanishing-startups-in-decline.html.

30. Eidelson, Josh e Luke Kawa. "Firing of Amazon Strike Leader Draws State and City Scrutiny", *Bloomberg*, 30 de março de 2020. https://www.bloomberg.com/news/articles/2020-03-30/amazon-worker-who-led-strike-over-virus-says-company-fired-him.

31. Hepler, Lauren. "Uber, Lyft and Why California's War Over Gig Work Is Just Beginning", Cal Matters, 13 de agosto de 2020. https://calmatters.org/economy/2020/08/california-gig-work-ab5-prop-22/.

32. Feiner, Lauren. "Uber CEO Says Its Service Will Probably Shut Down Temporarily in California If It's Forced to Classify Drivers As Employees", CNBC, 12 de agosto de 2020. https://www.cnbc.com/2020/08/12/uber-may-shut-down-temporarily-in-california.html.

33. Ingram, David. "Designed to Distract: Stock App Robinhood Nudges Users to Take Risks", NBC News, 12 de setembro de 2019. https://www.nbcnews.com/tech/tech-news/confetti-push-notifications-stock-app-robinhood-

nudges-investors-toward-risk-n1053071. Veja também Shankar, Neil (@tallneil). "I just wanna live inside the world of these @RobinhoodApp illustrations". publicação do Twitter, 18 de maio de 2020. https://twitter.com/tallneil/status/1262401096577961984. E, finalmente, Knipfer, Matthew Q. "Optimally Climbing the Robinhood Cash Management Waitlist", Medium, 5 de novembro de 2019. https://medium.com/@MatthewQKnipfer/optimally-climbing-the-robinhood-cash-management-waitlist-f94218764ea7.

34. Geiger, A. W. e Leslie Davis. "A Growing Number of American Teenagers—Particularly Girls—Are Facing Depression". Pew Research Center, 12 de julho de 2019. https://www.pewresearch.org/fact-tank/2019/07/12/a-growing-number-of-american-teenagers-particularly-girls-are-facing-depression/.

35. Shrikanth, Siddarth. "'Gamified' Investing Leaves Millennials Playing with Fire". *Financial Times*, 6 de maio de 2020. https://www.ft.com/content/9336fd0f-2bf4-4842-995d-0bcbab27d97a.

36. Abbott, Briana. "Youth Suicide Rate Increased 56% in Decade, CDC Says", *The Wall Street Journal*, 17 de outubro de 2019. https://www.wsj.com/articles/youth-suicide-rate-rises-56-in-decade-cdc-says-11571284861.

37. Mercado, Melissa C. et al. "Trends in Emergency Department Visits for Nonfatal Self-Inflicted Injuries Among Youth Aged 10 to 24 Years in the United States, 2001–2015". *Journal of the American Medical Association* 318, no. 19 (2017):1931–33. https://jamanetwork.com/journals/jama/full article/2664031.

38. Garcia-Navarro, Lulu. "The Risk of Teen Depression and Suicide Is Linked to Smartphone Use, Study Says", NPR, 17 de dezembro de 2017. https://www.npr.org/2017/12/17/571443683/the-call-in-teens-and-depression.

39. Harris, Sam. "205: The Failure of Meritocracy: A Conversation with Daniel Markovits". *Making Sense* (podcast), 22 de maio de 2020, 00:58:58. https://samharris.org/podcasts/205-failure-meritocracy/ (versão estendida do episódio disponível por meio da assinatura do site).

40. Griffith, Erin e Kate Conger. "Palantir, Tech's Next Big I.P.O., Lost $580 Million in 2019", *The New York Times*, 21 de agosto de 2020. https://www.nytimes.com/2020/08/21/technology/palantir-ipo-580-million-loss.html.

41. "Federal Receipt and Outlay Summary". Tax Policy Center. https://www.taxpolicycenter.org/statistics/federal-receipt-and-outlay-summary.

42. Galloway, Scott. "A Post-Corona World". *Prof G Show* (podcast), 26 de março de 2020, 00:51:49. https://podcasts.apple.com/us/podcast/a-post-corona-world/id1498802610?i=1000469586627.

43. McKeever, Vicky. "Germany's Economic Response to the Coronavirus Crisis Is an Example for the World, Union Chief Says", CNBC, 1º de maio de 2020. https://www.cnbc.com/2020/05/01/coronavirus-germany-ilo-chief-says-it-set-a-global-economic-example.html.

44. Goodman, Peter S., Patricia Cohen e Rachel Chaundler. "European Workers Draw Paychecks. American Workers Scrounge for Food", *The New York Times*, 3 de julho de 2020. https://www.nytimes.com/2020/07/03/business/economy/europe-us-jobless-coronavirus.html.

45. "Flattening the Curve on COVID-19", UNDP, 16 de abril de 2020. http://www.undp.org/content/seoul_policy_center/en/home/presscenter/articles/2019/flattening-the-curve-on-covid-19.html.

46. Divine, John. "Does Congress Have an Insider Trading Problem?" *US News*, 6 de agosto de 2020. https://money.usnews.com/investing/stock-market-news/articles/does-congress-have-an-insider-trading-problem. Bainbridge, Stephen. "Insider Trading Inside the Beltway" (2010). https://www.researchgate.net/publication/228231180_Insider_Trading_Inside_the_Beltway.

47. "War Production", PBS, visitado pela última vez no dia 3 de setembro de 2020. https://www.pbs.org/thewar/at_home_war_production.htm. Veja também "The Auto Industry Goes to War", Teaching History. https://teachinghistory.org/history-content/ask-a-historian/24088.

48. Davis, Wade. "The Unraveling of America", *Rolling Stone*, 6 de agosto de 2020. https://www.rollingstone.com/politics/political-commentary/covid-19-end-of-american-era-wade-davis-1038206/.

49. Flamm, Bradley. "Putting the Brakes on 'Non-Essential' Travel: 1940s Wartime Mobility, Prosperity, and the US Office of Defense". *The Journal of Transport History* 27. no. 1 (2006): 71–92. https://www.researchgate.net/publication/233547720_Putting_the_brakes_on_%27nonessential%27_travel_1940s_wartime_mobility_prosperity_and_the_US_Office_of_Defense. "Draft Resistance and Evasion". Encyclopedia.com, visitado pela última vez no dia 3 de setembro de 2020. https://www.encyclopedia.com/history/encyclopedias-almanacs-transcripts-and-maps/draft-resistance-and-evasion.

Projetos corporativos e edições personalizadas
dentro da sua estratégia de negócio. Já pensou nisso?

Coordenação de Eventos
Viviane Paiva
viviane@altabooks.com.br

Assistente Comercial
Fillipe Amorim
vendas.corporativas@altabooks.com.br

A Alta Books tem criado experiências incríveis no meio corporativo. Com a crescente implementação da educação corporativa nas empresas, o livro entra como uma importante fonte de conhecimento. Com atendimento personalizado, conseguimos identificar as principais necessidades, e criar uma seleção de livros que podem ser utilizados de diversas maneiras, como por exemplo, para fortalecer relacionamento com suas equipes/ seus clientes. Você já utilizou o livro para alguma ação estratégica na sua empresa?

Entre em contato com nosso time para entender melhor as possibilidades de personalização e incentivo ao desenvolvimento pessoal e profissional.

PUBLIQUE
SEU LIVRO

Publique seu livro com a Alta Books.
Para mais informações envie um e-mail para: autoria@altabooks.com.br

 /altabooks   /alta-books   /altabooks   /altabooks

CONHEÇA OUTROS LIVROS DA **ALTA BOOKS**

Todas as imagens são meramente ilustrativas.

Este livro foi impresso nas oficinas gráficas da Editora Vozes Ltda.,
Rua Frei Luís, 100 – Petrópolis, RJ.